3e ANNÉE. — 30e LIVRAISON.

BIBLIOTHÈQUE DE LA FAMILLE

UR LA MORALISER, L'INSTRUIRE, LA RÉCRÉER

MÉMOIRES

DU MARÉCHAL

DE BASSOMPIERRE

Contenant l'histoire de sa vie
Et de tout ce qui s'est passé de plus remarquable à la Cour de France
pendant les règnes de Henri IV et Louis XIII

ÉDITION NOUVELLE

REVUE, EXPURGÉE, ANNOTÉE ET ADAPTÉE A L'USAGE DE LA JEUNESSE

PAR

M. L'ABBÉ V. POSTEL
Membre de plusieurs Sociétés littéraires.

TOME II.

PARIS

BUREAU DE SOUSCRIPTION

CHEZ ADRIEN LE CLERE ET Cie, LIBRAIRES,

RUE CASSETTE, 29.

12 VOLUMES PAR AN, PRIX : 8 FR.

Voir l'avis à la fin de la couverture.

Troisième année. — 6e volume

Sous la direction de M. l'abbé Orse.

30e LIVRAISON DE LA COLLECTION

Mgr l'Archevêque de Paris a encouragé la publication de la *Bibliothèque de la Famille,* par la lettre suivante, adressée à M. l'abbé Orse, directeur.

ARCHEVÊCHÉ DE PARIS.

6 juillet 1853.

« MONSIEUR L'ABBÉ,

» Mgr l'Archevêque de Paris me charge de vous remercier
» des deux nouveaux volumes que vous lui avez adressés. Sa
» Grandeur vous félicite du zèle que vous apportez à continuer
» cette œuvre des bons livres, qui peut être si utile à la jeunesse
» chretienne, et Elle vous encourage à persévérer dans cette
» entreprise charitable, que vous avez commencée avec courage, et au succès de laquelle elle prend un véritable intérêt.

» Agréez, M. l'Abbé, l'assurance de ma considération distin-
» guée.

» *Signé :* L. BAUTAIN,
» *Président de la Commission des études.* »

Tous les exemplaires sont revêtus du cachet de l'*Œuvre de Saint-Augustin,* pour la propagation des bons livres.

Paris. — Imprimerie Adrien LE CLERE, rue Cassette, 29.

MÉMOIRES

DU MARÉCHAL

DE BASSOMPIERRE

Contenant l'histoire de sa vie
Et de tout ce qui s'est passé de plus remarquable à la Cour de France
pendant les règnes de Henri IV et Louis XIII

ÉDITION NOUVELLE, REVUE, EXPURGÉE ET ANNOTÉE

PAR

M. L'ABBÉ V. POSTEL
Membre de plusieurs Sociétés littéraires.

TOME II.

PARIS

BUREAU DE SOUSCRIPTION
CHEZ ADRIEN LE CLERE ET Cie, LIBRAIRES
RUE CASSETTE, 29.
1856

MÉMOIRES

DU

MARÉCHAL DE BASSOMPIERRE.

1621. — Siége de Montauban. — Le roi est forcé de se retirer. — Belle retraite de Bassompierre.

Arrivés en France, nous demeurâmes trois jours à Cognac. Le roi, qui s'y trouvait après la capitulation de Saint-Jean-d'Angely, m'envoya à Paris pour ratifier avec M. le chancelier plusieurs traités que j'avais passés en Espagne, ce que nous fîmes avec M. de Mirabel, qui avait reçu une procuration particulière à ce sujet. M. de Crequi et moi revinmes à Paris, où je demeurai vingt-sept jours et lui beaucoup plus longtemps, à cause d'une blessure à la tête causée par une chute qu'il fit chez la comtesse de Rochefort.

Marillac, Zamet et autres de moindre étoffe que nous, avaient persuadé à M. le connétable de Luynes que c'était un inconvénient pour lui que des gens qualifiés comme MM. de Créqui, Termes, Saint-Luc et moi fussions maréchaux de camp; que nous étouffions sa gloire et celle de ses frères qu'il voulait avancer dans la carrière des armes; que l'on parlait beaucoup de nous et point du tout de lui ni d'eux ; qu'il devait nous écarter et introduire en notre absence des maréchaux de camp de moindre mérite qui seraient ses créatures ainsi que de ses frères et contribueraient à leur honneur et gloire. Le connétable se laissa facilement persuader et fit donner la lieutenance générale de la mer à M. de Saint-Luc et l'envoya à Brouages pour préparer les armements nécessaires. Comme je l'ai dit, je fus envoyé à Paris pour ratifier les contrats passés en Espagne. M. de Créqui, encore malade d'une mousquetade à la joue, se laissa facilement persuader d'y venir. M. le connétable nous dit qu'il croyait faire la paix à Bergerac, que les huguenots la désiraient et que le roi y consentirait volontiers, et que, Dieu aidant, il nous suivrait de près ; qu'en tous cas, il nous avertirait quand il serait temps de nous rendre à l'armée.

Il me donna même commission de veiller à une union dont on l'avait mis en alarme, entre madame la princesse, madame la comtesse et madame de Guise. Il croyait que M. le Prince, M. de Guise et M. Legrand n'étaient pas fort contents de lui : Le premier pour n'avoir plus de commandement de l'armée ; les deux autres pour avoir été faits du conseil secret du roi, et puis on leur avait dit que pour quelques considérations ils n'y entrassent pas. Il me témoigna une grande confiance, fondée sur ce qu'il avait dessein de me faire épouser sa nièce de Combalet, et m'en fit parler par Rousselay, qui eut charge de savoir de moi ce que je désirais pour avancer ma fortune, ce mariage se faisant. Car il s'imaginait que je demanderais des charges, des gouvernements et dignités et que je me ferais acheter. Mais je répondis à Rousselay que l'honneur d'entrer dans l'alliance de M. le connétable m'était si cher, qu'il m'offenserait de me donner autre chose que sa nièce avec sa robe; que je ne lui demandais que cela et ne refuserais pas ensuite les bienfaits dont il me jugerait digne. Il fut ravi de cette réponse, et me fit dire qu'il me mettrait dans la parfaite confiance du roi, qui avait très-forte inclination pour moi, dont à l'avenir il n'aurait plus de jalousie comme il en avait eu l'année précédente. Il nous dit ensuite que, ou il nous écrirait quand il serait temps de le venir trouver, ou qu'Esplan nous le manderait de sa part. Ainsi, nous partîmes fort satisfaits de lui. Aussitôt après, il dit au roi qu'il fît de nouveaux maréchaux de camp en son armée; que nous étions très-capables de ces charges, mais que nous manquions de l'assiduité nécessaire. Pour cet effet il lui nomma Zamet, Marillac, Contenant et Saint-Luc; Termes avait été tué aux approches de Clairac. Nous étions cependant à Paris, Esplan nous mandait de la part de M. le connétable que rien ne nous obligeait de partir et qu'il nous manderait quand il serait temps.

Le roi s'acheminait vers Montauban, quand la

reine mère qui était revenue à Tours, pour nous animer contre le connétable, envoya par M. de Sardigny une lettre qu'il lui avait écrite, lui demandant Marillac comme le seul homme capable de réduire Montauban, et la suppliant de l'envoyer au roi, pour ne point retarder ses conquêtes par son absence. Il nous donna cette lettre chez madame la princesse devant quantité d'hommes et de femmes. Cela dépita M. de Créqui, mais m'anima de retourner à l'armée, sans attendre de M. le connétable l'ordre qu'il nous avait promis, et arrivai le vingt-un août à Piquecos, quartier du roi, devant Montauban. Je fis des difficultés de vouloir servir de maréchal de camp, me contentant d'être en ce siége colonel général des Suisses. Enfin, le roi m'accorda que je ne me mêlerais point avec cette recrue de maréchaux de camp; que je serais seul au quartier des gardes, et que, le siége fini, je conduirais l'armée : à quoi je consentis et vins ce même jour au campement proche la rivière du Tarn du côté des Cornes.

Le jeudi, à onze heures, les ennemis sortirent dans un chemin creux, au-dessus duquel étaient posés les gabions, et avec des crocs en tirèrent sept ou huit vers eux. Ils avaient garni leurs courtines de mousqueterie qui tirait sur nos gens à découvert lorsque ces gabions n'y étaient plus, et en tuèrent huit ou dix. Quelques mousquetaires s'étant avancés sur le bord dudit chemin leur tiraient à plomb, et quantité de pierres que nous leur fîmes jeter leur firent quitter le chemin et se retirer à la ville. La nuit suivante, un Suisse de ma compagnie, nommé Jacques, nous dit que si je lui voulais donner un écu il rapporterait les gabions que les ennemis avaient renversés dans le chemin, pourvu qu'on lui voulût faire passage; ce que nous fîmes; ce qui nous étonna le plus, fut que cet homme rapportait les gabions sur son cou, tant il était robuste et fort. Les ennemis lui tirèrent deux cents arquebusades sans le blesser, et après en avoir rapporté six, les capitaines des gardes me prièrent de ne plus exposer pour un gabion restant un si brave homme; mais il leur dit qu'il était encore de son marché, qu'il le voulait rapporter : ce qu'il fit.

Le 27 août, les maréchaux de Lesdiguières et de Saint-Géran firent une forte attaque pour gagner la contrescarpe du bastion qui leur fut disputée pendant trois heures; enfin, ils l'emportèrent, mais nous eûmes plus de six cents tués ou blessés, entre autres le maréchal Saint-Just, qui mourut peu après de sa blessure. En même temps, le comte de Fiesque reçut une mousquetade dans le rein droit qui lui perça jusqu'au bas du ventre dont il mourut. Ce fut un grand dommage pour tous, mais pour moi particulièrement, car il m'aimait beaucoup. C'était un brave seigneur, homme de bien et de parole, et excellent ami.

Ce soir même, M. le connétable envoya commander à M. le maréchal de Praslin de ne pas faire tirer le lendemain notre batterie, ce qui nous fit croire qu'il y avait quelques idées d'accord dans la ville, en laquelle Esplan entrait tous les soirs de la part du roi et traitait avec M. de la Force (1) et ceux de Montauban. On avait aussi intelligence avec un de dedans nommé le comte de Bourgfranc; mais les ennemis en ayant eu vent s'en défirent en une attaque qui se faisait du côté de Villebourbon, en lui donnant par derrière une mousquetade dans la tête qui la lui mit en pièces.

Comme j'avais établi, par la suite, une batterie pour couper à coups de canon le pont de Montauban, deux cents femmes qui étaient à laver les linges et les ustensiles sous ce pont, incommodées de ces coups de canon et sachant que Bassompierre avait le commandement dans le quartier, m'envoyèrent un tambour pour me prier de leur part de ne point incommoder leur blanchissage : ce que je leur accordai franchement, car je venais de recevoir ordre de le faire; de sorte qu'elles m'en surent un tel gré, que les femmes de la ville firent demander une trêve pour me voir, et vinrent me remercier; et moi, ce seul

(1) Le marquis de la Force, chef des protestants, commandait Montauban contre le roi. Louis XIII, partout ailleurs victorieux, vint échouer devant cette ville, quoiqu'il eût mené avec lui six maréchaux de France et ses plus habiles capitaines; mais le nombre des chefs se nuisit par le défaut de subordination.

jour en tout le siége, je me parai pour les recevoir et causer avec elles.

Le capitaine des mines étant venu demander à M. de Chaulnes, qui commandait, de combien il voulait qu'on chargeât une mine qu'on venait de finir, celui-ci demanda aux hommes compétents de combien d'ordinaire on la chargeait ; ils répondirent : De six ou sept cents livres. Il dit alors : Je veux qu'elle fasse un grand effet, chargez-la de deux mille huit cents livres de poudre. Le capitaine lui observa que c'était beaucoup, mais il le voulut ainsi. Sur le soir, je rencontrai les maréchaux qui me dirent qu'ils allaient aux tranchées faire jouer la mine. Je leur dis qu'il me semblait que c'était bien tard et qu'il leur restait peu de temps pour se loger dans l'effet de la mine, car la nuit qui approchait les mettrait en désordre. Plusieurs étaient de cet avis, mais M. de Chaulnes, qui la voulait faire jouer en son jour, n'y voulut consentir et me dit : « Je sais bien ce que c'est, vous la voudriez faire jouer au jour de M. de Praslin et de vous. » Je lui demandai s'il avait besoin de mon service ; il me remercia. Les maréchaux se mirent en un lieu propice pour en voir l'effet, et moi auprès d'eux. M. de Chaulnes envoya savoir si tout était prêt ; de Maison qui commandait le régiment de Chappes, après le maître de camp, comme premier capitaine et sergent-major, voulait que l'on abattît une galerie qui traversait le fossé de la pièce qui devait sauter, afin que les soldats allassent à l'effet de la mine avec plus d'ordre, et le capitaine des mines Ramassay maintenait qu'il ne la pouvait laisser ôter, attendu que la fusée de la mine était dessous. M. de Chaulnes me commanda d'y aller et d'ordonner ce que je jugerais pour le mieux. J'y courus donc, et comme j'entrais dans cette petite galerie je rencontrai Ramassay qui me dit : « Fuyez, monsieur, car j'ai mis le feu à la fusée de la mine, qui fera à mon avis un terrible effet. » Je courus quarante pas de toute ma force pour m'en éloigner. Alors elle joua avec une très-grande violence, et emporta en l'air toute la pièce sous laquelle elle était et qui fut assez longtemps sans redescendre.

Enfin elle vint fondre dans la tranchée sur nous. Je mis ma tête et mon corps sous un gros tonneau que je trouvai ; il ne fut pas assez fort pour soutenir et creva sur moi, et plus de dix mille livres de terre furent sur mes reins, mes cuisses et mes pieds. Je m'en dépêtrai comme je pus, et tout froissé m'en vins à la mine, marchant sur les corps morts des nôtres que la mine avait accablés ; il y en avait plus de trente, et entre autres Ramassay. La mine emporta ce qui était de notre côté et rendit les ennemis plus forts. Elle éteignit la plupart des mèches des soldats qui devaient donner, lesquels se présentèrent bravement, et quelques gentilshommes aussi, dans le lieu où la mine avait joué, ne pouvant monter plus avant à cause qu'elle avait écharpé la terre ; mais, aussitôt après, les ennemis parurent au-dessus et aux flancs, jetant pots à feu, grenades et cercles sur eux. La Maison, qui y devait commander, fut tué ainsi que deux sergents. MM. de Chaulnes et Praslin étaient à l'entrée et rafraîchissaient continuellement de gens. En un grand embarras comme celui-là, la noblesse y va tout autrement que les soldats.

J'arrivai aux gardes comme les ennemis marchaient, et je les trouvai sur leurs armes, en bon ordre pour les soutenir. Les deux capitaines, Castelnau et Meux, furent fort aise de me voir, et cette noblesse bien délibérée proposa d'aller attaquer les ennemis au lieu de les attendre. Ce que je trouvai bon et les capitaines aussi; nous sortîmes donc de notre poste la tête baissée vers les ennemis, qui, voyant notre résolution, s'arrêtèrent; puis, en nous tirant force mousquetades et quelques coups d'une courtine que l'on nommait de Saint-Orse, rentrèrent dans la ville. Comme j'arrivais au trou de la mine, je trouvai M. le maréchal de Praslin qui me dit : « Pour Dieu, mon fils, allez à la batterie des quatre pièces empêcher que les ennemis, qui y ont mis le feu, n'emmènent ou n'enclouent notre canon. J'irai tout à l'heure vous secourir avec les gardes qui entreront. » Nous retournâmes à l'heure même et trouvâmes les ennemis aux prises avec cinquante Suisses de ma compagnie qui étaient de garde à cette batterie et qui agissaient bravement à coups de pique et de hallebarde. Je vis là, pour la première fois de ma vie, des femmes dans le combat, jetant des pierres contre nous avec beaucoup plus de forces et d'animosité que je n'eusse pensé, et en donnaient aux soldats pour nous les jeter.

Notre petit secours vint bien à propos pour les Suisses, qui avaient beaucoup de monde sur les bras, le feu à la batterie et les ennemis qui s'efforçaient de venir jusqu'aux quatre canons. Trois Suisses étaient tués et quantité de blessés. A notre arrivée, nous fîmes une rude charge, et repoussâmes les ennemis à coups de hallebarde. Eux, en se retirant, nous jetaient des pierres, dont une grosse me donna sur le front et me porta par terre évanoui. Incontinent trois ou quatre Suisses m'emportèrent hors de la mêlée, à vingt pas de là, où je revins à moi et retournai au combat, où peu après M. de Praslin amena des gardes, qui firent retirer bien vite les ennemis à grands coups de mousquets et en tuèrent quelques-uns.

Le dimanche matin, comme je revenais avec mille hommes dans notre camp, le roi m'envoya commander de le venir trouver à Piquecos. Je ne descendis point de cheval, j'étais mal en ordre, ayant veillé toute la nuit et le sang caillé de ma blessure à la tête s'étant répandu sur tout le visage et sur les yeux ; je n'étais pas reconnaissable. Comme j'arrivai, le roi et M. le connétable me dirent que M. de Luxembourg, qui commandait six cents chevaux, était tombé malade et qu'il fallait que je prisse sa charge, ce que j'acceptai ; mais M. de Luxembourg ne voulut pas le souffrir et dit qu'il se lèverait plutôt pour y aller. Le roi m'écrivit le lendemain une fort honnête lettre sur ce sujet. Au sortir de là, sur les neuf heures, on me mit quelque chose sur la tête et un bonnet fourré par-dessus, avec lequel j'allai passer la nuit à la garde du secours.

Cependant la reine vint de Moissac, où elle était pendant le siége. Le roi envoya M. le connétable pour la recevoir. Comme elle entra, elle demanda à M. le connétable qui était le vilain homme qui parlait au roi. Il lui dit que c'était un seigneur du pays nommé le comte de Curton. Elle dit : « Jésus! qu'il est laid ! » et le connétable dit au roi, comme il s'approcha de la reine : « Sire, présentez M. de Bassompierre à la reine, et lui dites que c'est le comte de Curton, » ce qu'il fit. Je lui baisai la robe ; puis ensuite M. le connétable me présenta à madame la princesse de Conti, à mademoiselle de Verneuil, à madame la connétable de Montmorency et à madame sa femme, lesquelles je baisai, et entendais qu'elles disaient : « Voilà un étrange homme et bien sale ; il fait bien de se tenir dans le pays. » Alors je me mis à rire, et à mon ris et à mes dents, elles me reconnurent et eurent grande pitié de moi.

Depuis quelque temps, nous étions avertis que les huguenots des Cévennes venaient au secours de ceux de Montauban, et qu'ils voulaient entrer dans la ville pendant la nuit en passant à travers notre armée. Nous avions barricadé toutes les avenues, et nos gens se tenaient derrière ces barricades le long d'un grand chemin creux qui traverse toute la plaine du Ramier entre Piquecos et Montauban. Nous avions déjà passé dix nuits dans l'attente de ce secours; la onzième, n'en pouvant plus, j'allais me jeter sur mon lit, lorsqu'on vint m'avertir que le secours allait être sur nos bras en moins de deux heures. J'en prévins MM. les ducs de Canaples et de Retz qui dormaient dans ma chambre; mais ils crurent que je me moquais et n'y voulurent point venir, ainsi que plus de trente gentilshommes. En passant dans les quartiers, je commandai deux cents hommes du régiment de Piémont et autant de Suisses, et me rendis dans le grand chemin où je trouvai une extrême confusion. M. le maréchal de Praslin se fâcha de me voir, mais je lui dis que les ennemis allaient venir et que je ne serais pas inutile. Cependant j'étais en impatience des Suisses, qui arrivèrent enfin. Je leur fis laisser leurs tambours à droite et les fis passer doucement à gauche. Les ennemis, qui ouïrent battre les tambours suisses à gauche, n'y voulurent pas donner, ils se jetèrent à leur droite, qui était notre gauche, et parce que le chemin était creux, il fallait qu'ils sautassent de plus de quatre pieds de haut. Ils étaient onze cents hommes, séparés en trois bataillons. Celui de l'avant-garde passa plus haut que le lieu de d'Estissac, qui était en bataille devant son quartier, et qui, croyant que c'étaient de nos troupes (ce qui était toutefois hors d'apparence), le laissa passer franc sans l'attaquer. Le bataillon suivant, qui était le corps de bataille, où étaient les enseignes, vint descendre dans les Suisses ; et moi je crus d'abord que c'était le régiment d'Estissac qui venait au bruit de l'attaque des ennemis à notre barricade, d'autant plus qu'ils criaient : « Vive le Roi! » mais un soldat des ennemis dit par mégarde : « Vive Rohan ! » Alors je criai aux Suisses que c'étaient les ennemis ; ils ne se le firent pas dire deux fois. J'avais une hallebarde en main, dont je voulus donner dans le corps d'un des premiers qui descendit dans le chemin ; mais la nuit me fit faillir, et tombai devant lui, qui fut en même même temps tué sur moi et trois ou quatre autres ensuite, et je craignais bien plus d'être tué des Suisses en me relevant que des ennemis. Enfin, un des miens, nommé Magny, et des Estangs, me tirèrent de dessous ces morts ; alors je m'employai comme les autres. De tout ce bataillon il ne se sauva pas quatre hommes qui ne fussent tués ou pris, et tués par de si grands coups, que le lendemain on s'émerveillait. Le troisième bataillon, voyant qu'on avait malmené le second, n'osa tenter de passer et retourna dans la plaine; mais il fut poursuivi et fait prisonnier au nombre de quatre cents hommes.

Peu de jours après, le roi envoya quérir MM. les maréchaux, et l'on se réunit dans la chambre de M. de Luxembourg, qui était malade, pour tenir conseil de guerre. Le P. Arnoux me dit en entrant : « Eh bien, Montauban va se donner; en combien de jours offrez-vous de le prendre? » Je lui dis : « Mon Père, ce serait présomption de déterminer un jour pour prendre une telle place; on ne peut répondre autre chose, sinon que ce sera dans plus ou moins de temps, selon la forte attaque que nous ferons et la défense des ennemis, et les facilités ou empêchements que nous y rencontrerons. » Il me dit alors : « Nous avons des marchands bien plus déterminés que vous. Car ces messieurs du quartier de Picardie répondent, sur leurs têtes et sur leur honneur, de la prendre dans douze jours après que vous aurez livré vos canons. Et c'est de quoi on va maintenant traiter. Vous ferez bien de n'y point contredire, à moins que vous ne vouliez prendre encore un temps plus court, pour mettre Montauban entre les mains du roi. » Le roi arriva sur l'heure, et je fus contraint de laisser là ce discours. Je craignais que MM. les maréchaux qui commandaient ne voulussent, par opiniâtreté et jalousie, refuser de donner les pièces de notre quartier;

je les tirai à part et leur dis : « Messieurs, on nous a envoyé quérir à ce conseil, pour tâcher de vous prendre par le bec et de vous embarquer en une chose, pour décharger messieurs du quartier de Picardie et en charger vos épaules. C'est pourquoi il faut prendre garde à ce que vous dites. Ces Messieurs n'ont pas voulu faire la descente dans le fossé du Moustier et ne savent plus où ils en sont. Ils disent que, s'ils avaient nos canons avec les leurs, ils prendraient infailliblement Montauban. Ils espèrent que vous ne voudrez pas les donner, afin de jeter la faute sur vous. Au nom de Dieu, ne le faites pas. L'hiver s'approche plus vite de nous que nous ne nous approchons de Montauban ; les maladies attaquent déjà l'armée, et elle s'affaiblit tous les jours. Si ces messieurs savent une finesse pour prendre la ville, n'envions pas leur service. Ne me demandez pas d'où je sais ces nouvelles ; mais profitez-en. » MM. le maréchaux crurent que le roi me l'avait dit. M. le connétable dit ensuite que la prise de Montauban était si importante au service du roi, que ses serviteurs devaient renoncer à toute jalousie pour la procurer, que Sa Majesté saurait bon gré même à ceux qui n'y auraient pas concouru, que le quartier des gardes étant le premier, c'était à lui qu'il s'adressait d'abord, pour savoir en combien de temps nous voulions répondre de prendre la ville de Montauban. MM. de Praslin et de Chaulnes et moi à leur suite, nous étant consultés, répondîmes que nous y apporterions tout le soin imaginable et tel que Sa Majesté en serait satisfaite, et que nous ne lui pouvions répondre, sinon que ce serait plus tôt ou plus tard, selon la bonne ou mauvaise défense des assiégés et les facilités ou inconvénients que nous y rencontrerions.

Alors M. le connétable nous dit que messieurs de l'attaque de Picardie l'assuraient de la prendre dans douze jours; le maréchal de Saint-Géran dit: « Oui, Sire, nous vous le promettons sur notre vie. » Nous lui dîmes que c'était un très-grand service qu'ils rendraient au roi; nous offrant, s'il y avait quelque chose en notre puissance, capable d'y contribuer, de l'employer franchement. Sur cela, M. le connétable nous dit, que le roi nous en savait gré, et que ces messieurs auraient besoin de seize canons de notre quartier, lesquels nous accordâmes sans réplique: offrant de plus que si, pour quelque attaque, ces messieurs avaient besoin de quelque secours, MM. les maréchaux enverraient quinze cents ou deux mille bons hommes, pour être employés à ce qu'il plairait, ce dont ils nous remercièrent.

Nous dîmes ensuite à M. le connétable, que moyennant ce, le roi nous déchargeât, non du siége mais de la prise de la ville, ce que le roi nous accorda; ainsi, nous retournâmes satisfaits de n'avoir plus rien à faire que de nous conserver et de divertir les ennemis par quelques attaques, mines et sapes, de temps en temps.

Nous envoyâmes huit cents Suisses pour escorter huit pièces de canon, qui furent envoyées au quartier du Moustier, par delà l'eau, et le lendemain on y mena les autres.

Le samedi, 9 octobre, M. de la Force se présenta à la tête de notre travail. Je fis incontinent défendre de tirer, et parlâmes assez longtemps ensemble; il me témoigna le désir de voir un bon accommodement, et me priait d'agir le plus que je pourrais et d'animer le maréchal de Chaulnes à y porter M. le connétable son frère, qui devait dans peu de jours s'aboucher avec M. de Rohan, qu'on attendait à Montauban à cet effet; ce furent les premières nouvelles que j'en appris. Il avait avec lui Saint-Orse et Lendresse, deux capitaines, braves hommes, qui avaient charge de ce côté-là. Je m'en retournai dire à Messieurs les maréchaux que je trouvai ensemble chez M. de Chaunes, ce qui s'était passé entre M. de la Force et moi, et ce qu'il m'avait prié de leur dire. Alors M. de Chaunes ne nous céla plus ce qui se traitait entre M. le connétable et M. de Rohan, nous priant de le tenir secret. Néanmoins, le lendemain, dimanche, les ennemis firent une furieuse sortie du côté de Villebourdon, gagnèrent les premières tranchées, qu'ils gardèrent assez longtemps, amenèrent un gros mortier de fonte à jeter des bombes, tuèrent quelques-uns qui résistaient, et eussent nettoyé toute la tranchée, si M. le maréchal de Thémines et MM. les comtes de Grammont et de Cramail ne fussent venus courageusement les arrêter.

J'allai cette même nuit au quartier du Moustier, où je trouvai M. le maréchal de Saint-Géran et M. de Marillac. Je fis semblant d'être seulement venu pour visiter Zamet, qui était blessé, mais en effet, c'était pour voir où ils en étaient de la prise de Montauban dont ils parlaient si affirmativement. Ils me prièrent de venir voir leurs travaux et la certitude qu'ils avaient de la prendre. Je revins en notre quartier plus confirmé que jamais que ces messieurs bâtissaient sur de faux fondements et le dis à M. le maréchal de Chaulnes, le suppliant instamment de porter M. le connétable à une bonne paix, s'il y trouvait jour, de crainte qu'il ne reçût et le roi premièrement, quelque notable dommage et honte. Il fut d'avis de me mener le lendemain avec lui, pour en parler moi-même à M. le connétable. Ce je que fis fort amplement, et le laissai partir ce jour même, fort délibéré de conclure la paix s'il y voyait jour. Il s'en alla à quatre lieues, au château de Reviers, où il avait donné sûreté à M. de Rohan pour lui venir parler. Ils conférèrent longtemps ensemble et approchèrent toutes choses de l'accommodement. Néanmoins, M. le connétable ne voulut rien conclure, sans l'approbation du roi et de son conseil.

M. le connétable proposa au conseil secret (je n'y étais pas), les conditions dont il était demeuré comme d'accord avec M. de Rohan, qui étaient avantageuses et honorables pour le roi et utiles pour l'État, elles furent trouvées raisonnables par tous ceux du conseil. Mais M. de Schomberg ajouta que, bien que les articles apportés par M. le connétable ne fussent pas à rejeter, néanmoins, il conseillait que l'on différât quinze jours de les accepter, attendu qu'en ce temps-là le roi serait maître absolu de Montauban. M. de Chaunes répliqua : « Mais si l'on ne prend pas Montauban, est-on assuré d'avoir les mêmes conditions ? » M. de Schomberg dit que c'était un cas qu'il ne fallait pas poser, parce que la prise en était infaillible ; qu'il en répondait au roi sur son honneur et sur sa vie, et qu'en cas que cela ne fût, il voulait que le roi lui fît trancher la tête. Sur quoi, il fut résolu de remettre à quinzaine le traité et le mander à M. de Rohan, qui en attendait la réponse à Reviers.

Pendant que les travaux du siége se poursuivaient, nous causions avec les ennemis très-familièrement ; même M. de la Force et le comte d'Orval, gouverneurs de Montauban, me priaient souvent de baiser la main, de leur part, à MM. de Chaunes et de Praslin ; je le leur promettais et ils en étaient fort contents. Nous étions ainsi, moitié en guerre, moitié amis. Cependant ayant averti M. le connétable que la mine qu'il m'avait commandée était prête à jouer, il me dit : Ce sera pour demain, et s'il plaît à Dieu, nous entrerons dans Montauban. Je ne savais à quoi attribuer un aveuglement si grand et partagé par tant de personnes. M. de Schomberg même, en me disant adieu, ajouta : Mon frère! je vous offre à dîner après-demain dans Montauban ? Je lui dis : « Mon frère, ce serait un vendredi jour de poisson ; remettons la partie au dimanche et n'y manquez pas. » Presque tous partageaient cette illusion, aussi le jour de l'attaque (21 octobre), on avait fait placer le roi, le cardinal de Retz et autres dans un lieu d'où ils pussent voir forcer la ville.

L'ordre général donné on nous manda de commencer la danse en notre quartier. Le roi envoya plusieurs fois savoir à quoi il tenait que l'on ne donnât, et il n'y avait ni descente au fossé, ni montée à la brêche, ni même d'échelles, et, quand il y en aurait eu, point de moyen d'y monter.

Enfin, après avoir consumé toute la journée, jusqu'à six heures du soir, avoir tenu six cents gentilshommes et quantité de gens de marque armés tout le jour, sans agir ni tenter aucune chose sérieuse, on vint dire au roi que l'on avait de nouveau fait reconnaître le lieu où il fallait donner, et que véritablement ce n'était pas raisonnable. Sur cela chacun se retira, on nous avait mandé sur les quatre heures de faire jouer notre mine. Elle fit un fort bon effet et ouvrit une grande partie des cornes, sur lesquelles nous logeâmes ; mais c'était en vain ; car nous n'avions pas à prendre la ville. La mine tua, d'une grosse motte de terre, le jeune frère de M. de Saint-Chaumont, nommé Miolans, dont il fut héritier de plus de vingt mille livres de rente. Du même coup, le Plessis de Chivray fut porté par terre, et tenu plus de quatre heures pour mort, je passai trois ou quatre fois sur lui, ne le connaissant pas à cause qu'il avait le visage tourné contre terre. Le lendemain, le connétable envoya dire que quelqu'un du quartier le vînt trouver ; MM. les maréchaux me commandèrent d'y aller. Je trouvai le roi dans son cabinet avec M. le cardinal de Retz, Roncelay et Modène. Le roi me dit : « Vous avez toujours été d'avis qu'il ne se ferait rien qui vaille du côté de Picardie. » Je lui dis : Votre Majesté me pardonnera ; mais je n'ai jamais cru que tout ce que l'on proposait réussît ; néanmoins, il ne faut pas juger des choses par les événements. » Il me dit alors : « Que croyez-vous de cette batterie qu'ils veulent faire sur ce tertre, où ils font l'esplanade ? » Je dis : « Sire, s'ils la peuvent faire, la ville est à nous ; mais, comme nous songeons à les prendre ils songent aussi à se garder d'être pris. Si on les empêche de la faire, vous pouvez bien remettre la prise de Montauban à une autre saison. » En effet, tandis que ceux du quartier du Moustier tâchaient d'avancer leur prétendue batterie ; les ennemis, qui étaient maîtres de leur fossé, vinrent miner dessous ce travail, en sorte que dans la nuit du 24 au 25, ceux de Montauban sortirent par une fausse porte au-dessous du Moustier et vinrent par l'entrée de la tranchée attaquer le régiment de Picardie, qui était en garde, et tuèrent tous ceux qui voulurent faire résistance ou qui ne se jetèrent pas dans le penchant qui va vers le Tarn, ils tuèrent quatre capitaines, et en même temps firent jouer la mine qu'ils avaient faite sous l'esplanade, et emportèrent tout le lieu où l'on voulait mettre la batterie. M. de Marillac promit de mettre dans cinq jours, malgré les ennemis, trois pièces de batterie au même lieu où elles avaient été destinées; mais, la nuit suivante, les ennemis firent une autre sortie sur Champagne, qui était de garde, et ne les put soutenir, de sorte qu'ils gâtèrent toutes les tranchées. Ils donnèrent aussi sur le régiment de Villeroy, qui les laissa passer jusqu'aux batteries de derrière, chassèrent quinze Suisses qui les gardaient, et gâtèrent toute la tranchée et une des pièces. Tant de malheurs obligèrent le M. connétable d'assembler les chefs, pour prendre une finale résolution. Chacun voyait bien qu'il n'y avait plus moyen de continuer le siége, mais personne ne le voulait proposer.

Marillac fut d'avis de faire un fort au Moustier, pour commander la ville et mettre en réserve tous nos canons et munitions pour une meilleure saison. Le maréchal de Saint-Géran proposa de réduire les trois quartiers en un et de continuer vivement l'attaque du Moustier, persistant toujours que l'on prendrait infailliblement Montauban si on attaquait comme on l'avait toujours proposé. Sur cela M. le connétable demanda l'avis de plusieurs autres qui tournèrent autour du pot, jusqu'à ce qu'il demandât mon opinion. Je lui dis alors : « Monsieur, si je reconnaissais que notre persévérance au siége de Montauban pût le réduire à l'obéissance qu'elle doit au roi, je vous conseillerais de vous y opiniâtrer et m'estimerais heureux d'y employer, selon mon devoir, mon repos et ma vie ; mais, voyant l'état de notre armée, fatiguée par une longue campagne, diminuée par la perte de quantité de braves hommes, je vous dirai franchement de rendre à votre armée le repos dont elle a besoin. Il est entré dans cette place plus de deux mille soldats. Depuis, les habitants le sont devenus par un exercice continuel des armes et sont encouragés par les succès de Villebourdon et des deux dernières sorties, qui leur ont enflé le cœur et ont aplati celui de nos gens de guerre. Nous sommes à la fin de l'automne, temps auquel on a accoutumé de cesser d'entreprendre et d'agir. Je puis vous en parler d'autant plus librement, que je suis moins intéressé dans l'affaire : car notre quartier a été déchargé de la prise de cette ville. Ces messieurs qui soutiennent tout le faix du siége sur leurs épaules, ont tant de générosité, qu'ils aimeraient mieux périr que de vous proposer de le lever ; mais moi, qui n'y ai pas les mêmes intérêts et à qui le service du roi m'est cher à l'égal de ma vie, je ne marchanderai point de vous dire, en ma conscience, que vous devez quitter l'entreprise de Montauban et réserver le roi, vous et cette armée, à une meilleure fortune dans une plus commode saison.

On vit clairement que mon avis était le seul raisonnable et personne n'y contredit, bien qu'aucun n'en voulût proposer autant, chacun étant bien aise d'en laisser faire la proposition par un autre. Je retournai avec M. le connétable, qui me dit qu'il était résolu de faire lever le siége. Je lui dis : « Monsieur, vous faites bien, je ne m'étonne pas que vous soyez contraint de lever un siége que vous avez entrepris parce que le comte de Bourgfranc vous avait promis de trahir la place. Il me dit alors que c'était Esplan qui l'y avait engagé, que le roi était mal satisfait de lui et fort content de moi, et qu'il me croirait désormais aux choses de la guerre, et non lui. Le 29 octobre, MM. de la Force et d'Orval, avec quelques-uns des principaux de Montauban, sortirent environ à deux cents pas de la ville. M. de Chaunes et moi nous y trouvâmes. Nous nous saluâmes avec beaucoup de tendresse et d'affection. Ils prièrent que l'on ne parlât point en particulier, parce qu'ayant à faire à une ville jalouse et à un peuple soupçonneux, cela leur pourrait porter préjudice. Après beaucoup de discours de part et d'autre, ils conclurent qu'ils étaient très-humbles serviteurs et sujets de Sa Majesté, ne respirant qu'une entière obéissance à ses volontés, pourvu que le libre et entier exercice de leur religion, et les autres choses accordées par leurs édits, fussent ponctuellement observés ; M. de Chaunes leur assura que le roi les recevrait en ses bonnes grâces, quand ils se remettraient en leur devoir. Voilà en quoi consista cette conférence, qui porta le roi et M. le connétable à lever entièrement le siége de Montauban (2 novembre); on retira les canons au nombre de trente-deux, qui étaient dans les diverses batteries, et quelques jours après on les fit descendre sur des bateaux, le long du Tarn, vers la Garonne à Moissac.

Le 10, le roi quitta Piquecos, et vint loger à Monbeton. Il passa devant mon logis et me dit la larme à l'œil qu'il était au désespoir d'avoir reçu l'affront de lever le siége, et qu'il n'était content que de notre quartier; qu'au reste il avait résolu de me donner seul l'armée à mener, mais que je n'en disse rien, et qu'il n'y avait que M. le connétable et lui qui le sussent, et que je vinsse le voir le lendemain à Monbeton. M. le maréchal de Praslin lui envoya en même temps demander congé de se retirer de l'armée, pour se faire panser de la fièvre qu'il avait depuis quatre jours : ce qu'il lui permit.

J'allai, suivant l'ordre du roi, à Monbeton; me voyant mal en ordre, il m'en demanda la cause, je lui dis que j'avais couché dans la tranchée.

Tout étonné, il me dit pourquoi je n'avais pas levé le siége. Je lui répondis parce qu'il ne me l'avait pas commandé. M. le connétable dit qu'il croyait que cela fût fait dès le dimanche passé, ainsi qu'au Moustier, et que nous avions grand tort de n'en avoir pas parlé. Je lui répondis que j'y eusse demeuré toute ma vie plutôt que de lui en faire instance, bien qu'il nous eût fallu depuis quatre jours doubler nos gardes, attendu que ceux de Montauban, n'ayant plus à songer qu'à nous, pouvaient nous attaquer avec leurs forces entières. Ils me dirent alors que je ne manquasse pas de lever le siége la prochaine nuit, M. de Chaunes arriva, et ils lui dirent que la nuit prochaine il eût à quitter les tranchées. Je lui dis que je ne m'y trouverais pas s'il le levait de nuit; mais que s'il me voulait permettre de le lever de jour, je le ferais, avec ordre et honneur, et que je les suppliais très-humblement de m'accorder cette grâce, leur répondant sur ma tête de tout le mal qui en arriverait. Ce qu'ils m'accordèrent après quelque contestation : je retournai donc à la tranchée, pour le faire savoir aux gardes. Quelques capitaines me dirent que les ennemis me donneraient sur la queue et que je ne ferais pas ma retraite sans perte. Je me préparai pour bien frotter les ennemis, en cas qu'ils vinssent nous troubler. Puis je fis décamper les Suisses, Estissac, Vaillac, Piémont, Chappes et Normandie, qui se mirent en bataille entre le quartier des gardes, à la queue de la tranchée. Après quoi, je demandai à parler à MM. d'Orval et de la Force, et aux capitaines qui avaient la garde contre nous : je leur dis que nous étions près de déloger, remettant la partie au printemps prochain, et que j'étais venu prendre congé d'eux et savoir si quelqu'un de nous avait manqué de payer son hôte, afin de le satisfaire, ne voulant pas laisser mauvaise renommée de nous. Ils m'embrassèrent et me dirent adieu, m'assurant que cette nuit à notre départ ils nous feraient prendre le vin de l'étrier. Je leur dis que, s'ils nous voulaient faire boire, il fallait que ce fût dans une heure, car nous voulions employer le reste de la journée. Ils n'en crurent rien ; mais je jurai que je ne leur mentais point, et que je leur en voulais laisser le signal, qui était que je ferais mettre le feu aux huttes d'Estissac, puis à celles de Vaillac et aux autres.

Ils me dirent que si j'en usais de la sorte je m'en trouverais mauvais marchand. Comme je leur parlais, ils virent embraser le quartier d'Estissac, puis celui de Vaillac et les autres consécutivement ; ils me laissèrent pour m'aller préparer la collation : mais la composition de mes tranchées était de telle façon que je n'avais rien à appréhender. Elles étaient à angles saillants et rentrant, et aux angles de petites places d'armes, pour quinze mousquetaires, qui enfilaient les tranchées sans pouvoir être délogés ; je les garnis de bonne mousqueterie ; et je quittai la première ligne. Comme les ennemis y voulurent entrer, ils furent salués des mousquetaires qui étaient à la première place d'arme; et sur les traverses ils leur firent bien vite cacher le nez, et ne parurent plus après. J'ôtai les mousquetaires desdites places à mesure que je n'en avais plus besoin, et ainsi me vins camper à deux cents pas des tranchées, en un lieu où le canon de la ville ne nous pouvait voir, sans que je perdisse un seul homme, en plein jour, ayant averti les ennemis de notre retraite, qui fut faite en la présence de M. de Chaunes qui l'approuva fort.

Ceux de Montauban voyant toutes nos actions, je m'attendais à chaque instant de les avoir sur les bras, cavalerie, infanterie et canon. Enfin nous fûmes prêts à marcher, et je priai M. de Schomberg de paraître sur un lieu un peu élevé et de mettre en deux rangs les quarante chevaux qu'il avait, vingt de front, afin de faire croire aux ennemis qu'il y en avait cent. Mais ceux-ci, après nous avoir escarmouchés sans nous enfoncer, furent si joyeux de nous voir retirer qu'ils cessèrent de nous suivre. Je fis quatre bataillons de mes huit cents hommes, que je fis marcher séparément, afin de ne nous point embarrasser. Après que les ennemis se furent lassés de nous suivre sans autre profit que de bons coups de mousquets, notre cavalerie passa par un gué que nous lui enseignâmes, et nous laissa aller après nous avoir dit adieu; et nous continuâmes paisiblement notre chemin jusqu'à la pointe de l'Aveyron, où nous ne trouvâmes aucun bateau pour passer comme on nous l'avait promis. Cela me mit en grande peine : car, de nous camper à cette pointe, ceux de Montauban sortiraient avec deux mille hommes, leur canon et leur cavalerie et nous viendraient défaire; de passer, je ne pensais pas qu'il y eût moyen. Enfin, je fis sonder un lieu où il ne se trouva d'eau que jusqu'à la ceinture. Alors je dis à nos soldats que je serais leur guide, et que je m'assurais qu'ils me suivraient volontiers, encore que l'eau fût bien froide alors. Ils me prièrent de passer sur un cheval que l'on m'avait amené; mais je ne le voulus faire. Nous commencions tous à nous déchausser, lorsque nous vîmes descendre un bateau chargé de sacs d'avoine venant de Piquecos. Nous le fîmes aborder, et ayant en diligence mis à terre tous les sacs, nous passâmes cinquante à cinquante, et moi à la dernière passée, qu'il était nuit. Je logeai mes troupes à trois villages prochains, et m'en vins encore à Moissac, et de là à Agen, où je fis demander à ceux de la ville trente mille pains et deux milliers de poudre, promettant de payer le pain et de rendre la poudre au passage de l'artillerie. Ces messieurs me firent refus disant que cette quantité de pain mettrait la disette dans le pays, et que, quant à la poudre, ils ne pouvaient s'en dessaisir. Néanmoins ils vinrent m'offrir le vin de la ville que je refusai, et dis à Desfourneaux de donner les logements à toute l'armée depuis les faubourgs jusqu'à une lieu à la ronde, permettant aux soldats de faire bonne chère pour se dédommager de ce qu'ils avaient souffert à Montauban. Ces messieurs, aussi étonnés de mon procédé que j'avais été indigné du leur, consentirent enfin à la juste demande que je leur avais faite, et je fis alors changer mes logements.

Le 17 novembre (1621), j'arrivai à Aiguillon, d'où je me rendis après dîner à Monheurt, qui était déjà investi. C'était un siége que nous devions dévorer sans le mâcher ; aussi, dès le lendemain, je fis prendre position aux régiments, et le 20 celui de Champagne commença à ouvrir la tranchée. En un jour, nous avançâmes les travaux jusque près du fossé des ennemis, qui me voyaient aller et venir, me reconnaissant aisément, car j'étais habillé d'écarlate et monté sur un bidet blanc, ayant la croix à mon manteau. Ils me tendirent un piége pour me tuer ; ils tirèrent d'abord leur pièce de campagne sur ma compagnie, qui était assez loin, mais comme je passais près de la contrescarpe, ils me firent leur salve de telle furie, que je ne voyais que les balles siffler autour de moi. Deux portèrent, l'une dans le pommeau de la selle de mon bidet et l'autre perça mon manteau. Je fis écarter les aides-majors qui ne se le firent pas dire deux fois, et étant descendu de mon bidet, je me mis à l'abri derrière un gros arbre auquel ils tirèrent plus de cent mousquetades; enfin, croyant qu'ils n'avaient plus à tirer, j'en sortis pour gagner la tranchée de Normandie; mais ce ne fut pas sans l'échapper belle, car ils me tirèrent encore plus de cent mousquetades de soixante pas près. Dieu m'en préserva, contre l'attente de ma troupe éloignée. Je n'ai jamais mieux cru mourir que cette fois-là.

1622. — M. de Luynes en danger d'être disgracié. — Sa mort. — Intrigues de cour. — Le roi de retour à Paris. — Nouvelle campagne en Languedoc. — Siége de Royan. — Délicatesse de Bassompierre.

Depuis que M. de Luynes avait été honoré de la charge de connétable, il voulut l'exercer avec tant d'autorité, qu'il se rendit suspect au roi, à qui des particuliers soufflaient aux oreilles que le connétable ou les siens avaient toutes les bonnes places de France; que les principaux gouvernements étaient en ses mains; que lui et ses deux frères en trois ans étaient devenus ducs et pairs, de si bas qu'ils étaient auparavant; qu'ils possédaient à eux trois des biens, des charges et des gouvernements pour plus de dix millions, et qu'ils devenaient insensiblement si puissants, que le roi ne les pourrait pas abaisser quand il le voudrait.

Le roi n'écoutait pas seulement ce discours, mais le répétait aux autres, d'abord au P. Arnoux, puis à M. de Puisieux. Enfin, comme M. le connétable revenait un matin de dîner, ayant les Suisses et ses gardes devant lui, et entrait dans le logis du roi, suivi de toute la cour et des principaux de l'armée, le roi le voyant venir d'une fenêtre me dit : « Voyez, Bassompierre, c'est le roi qui entre. — Vous me le pardonnerez, Sire, lui dis-je, c'est un connétable favorisé de son maître qui fait voir votre grandeur et qui étale vos bienfaits aux yeux de tout le monde. — Vous ne le connaissez pas, me dit-il ; il croit que je lui en dois et veut faire le roi ; mais je l'en empêcherai bien, tant que je serai en vie. — Sire, lui dis-je, vous êtes malheureux de vous mettre ces idées en tête ; lui l'est aussi de ce que vous prenez ombrage de lui, et moi je le suis encore davantage de ce que vous me l'avez découvert ; car un de ces jours vous et lui vous crierez un peu et ensuite vous vous apaiserez ; vous ferez comme font souvent mari et femme, qui chassent les valets auxquels ils ont fait part de leurs querelles, après qu'ils se sont accordés. Vous avez vu l'année passée que la seule opinion qu'il avait que vous me vouliez du bien me pensa perdre. » Le roi fit alors serment qu'il n'en parlerait jamais, quelque raccommodement qu'il pût faire avec lui, et dit qu'il n'en avait parlé qu'au P. Arnoux et à moi, que je n'en ouvrisse jamais la bouche qu'au Révérend Père. Sur cela, je fus bien aise d'avoir reçu l'ordre d'aller à Paris peu de jours après ; car je trouvais la confidence du roi très-périlleuse en ce temps-là. Je vins à Montauban au commencement du siége, et ayant eu l'attaque des gardes à commander seul comme maréchal de camp, je ne venais jamais au quartier du roi si je n'y étais mandé. L'ombrage du roi contre M. le connétable croissait à toute heure, et celui-ci prenait moins de soin de s'entretenir bien avec le roi qu'il ne faisait auparavant, soit qu'il se sentît sûr de l'affection de Sa Majesté, soit que les grandes affaires l'empêchassent d'y penser ou que la grandeur l'aveuglât : de sorte que le mécontentement du roi croissait fort. Toutes les fois qu'il m'en pouvait parler en particulier, il m'en témoignait les plus violents ressentiments. Une fois que j'étais venu le trouver, milord Hay, ambassadeur extraordinaire du roi de la Grande-Bretagne, envoyé pour procurer la paix entre le roi et les huguenots, eut sa première audience après laquelle il alla chez M. le connétable. M. de Puisieux, selon sa coutume, venait entendre du roi ce que le milord lui avait dit ; quand le roi m'appela et me dit : « Il va prendre l'audience du roi Luynes. » Je fus étonné de ce qu'il me parlait devant M. de Puisieux et voulus faire l'ignorant. Mais il me dit : « Il n'y a point de danger devant Puisieux ; car il est de notre secret. — Il n'y a point de danger, Sire ! lui dis-je ; je suis maintenant assurément perdu ; car c'est un homme craintif et peureux, comme M. le chancelier son père, qui au premier coup de fouet confessera tout et perdra ensuite tous les complices. » Le roi en rit et me répondit de lui, de plus il était mon ami. Alors le roi commença à déchirer le connétable et à en dire tout ce qu'il avait sur le cœur. Je vis bien que celui-ci était sur le penchant de sa fortune, et je résolus de lui parler à ce sujet pour son bien, vu que depuis notre brouillerie il m'avait témoigné beaucoup de bonne volonté. Ce fut à quelques jours de là, que, me trouvant dans son cabinet avec lui, je lui dis que comme son serviteur très-humble et passionné à ses intérêts je me croyais obligé de lui remontrer qu'il ne conservait pas assez la faveur du roi et qu'il n'en avait pas autant de soin qu'auparavant, maintenant qu'il devait en avoir davantage ; que le roi croissait en âge et en expérience, et qu'en même temps, lui, croissant en charges, honneurs et bienfaits, devait croître aussi en reconnaissance envers son roi, son maître et son bienfaiteur ; qu'au nom de Dieu il y prît garde et qu'il pardonnât à la liberté que j'avais prise de lui en parler, puisqu'elle provenait du zèle et de l'affection que j'avais pour lui.

Il me répondit qu'il me savait bon gré du soin que j'avais de sa conservation, qu'il me serait utile et que je lui avais parlé en neveu, comme il espérait que je le serais en peu de temps ; qu'il me voulait aussi répondre en oncle et me dire que je me reposasse sur l'assurance qu'il me donnait qu'il connaissait le roi jusqu'au plus profond du cœur ; qu'il savait les moyens par lesquels il le fallait conserver aussi bien qu'il avait su ceux de l'acquérir, et qu'il lui donnait quelquefois exprès des petits sujets de plainte qui ne servaient qu'à augmenter l'affection qu'il avait pour lui. Je vis bien alors qu'il était de la même trempe que tous les favoris, qui croient leur fortune éternelle et ne connaissent la disgrâce que lorsqu'ils n'ont plus le moyen de l'empêcher. Depuis ce temps-là, toutes les fois que le roi me pouvait parler en particulier, c'était incessamment en plaintes de M. le connétable. Et ce qui m'en fit plus mal juger, fut que tout d'un coup l'affection qu'il avait pour madame la connétable se convertit en une telle haine, qu'il avertit son mari que M. le duc de Chevreuse lui faisait la cour. Quand le roi m'en fit part, je lui dis qu'il avait très-mal fait et que c'était pécher de mettre mauvais ménage entre le mari et la femme. Il me dit : « Dieu me le pardonnera ; mais j'ai eu grand plaisir de me venger de lui et de lui faire ce déplaisir. » Il ajouta qu'avant six mois il lui ferait bien rendre gorge de tout ce qu'il lui avait pris. Je partis de Montauban sans voir le roi ; et la première nouvelle que j'en eus, fut qu'il avait été contraint d'abandonner le P. Arnoux à la haine de M. le connétable, mais qu'il n'y avait rien contre moi. Je ne laissai pas d'être en grande appréhension, bien que je pusse dire que toutes les fois que le roi m'avait parlé sur son sujet j'avais toujours abattu les coups et que j'avais été infiniment fâché qu'il m'eût fait cette confidence.

Le vingt-troisième de décembre, Monheurt que nous assiégions se rendit, M. le connétable y mourut d'une fièvre de pourpre. Il ne fut guère plaint du roi, et les affaires changèrent de face aussi bien que la cour. MM. le cardinal de Retz et de Schomberg aspiraient à la toute-puissance, et pensaient retenir le roi à ne faire que ce qu'ils lui conseilleraient, lui faisant sur toutes choses abhorrer les favoris. Ils firent bâiller les sceaux à M. de Vic, et parce qu'ils appréhendaient que je ne serais pas conforme à tous leurs sentiments et que le roi me parlait à toute heure, que j'avais force amis et crédit dans les gens de guerre, ils proposèrent au Roi de me laisser lieutenant-général en Guyenne. Ils m'en firent parler par Roncelay, et par M. le maréchal de Praslin. Ils m'offrirent même d'ajouter à ma charge celle de maréchal de France. Mais je voulus attendre de voir en quelles mains tomberaient les affaires; jugeant bien que celles-là n'étaient pas assez fortes pour les soutenir, m'assurant que quiconque les aurait serait bien aise de m'avoir pour ami, et de me faire plus de part au gâteau que ceux-ci ne m'en offraient. Je répondis donc au roi, quand il me parla de cette lieutenance, que je m'estimerais plus heureux d'être colonel des Suisses auprès de sa personne sans autre occupation qu'en celle de ma charge première: ce que Sa Majesté agréa.

Ils la donnèrent enfin à M. le maréchal de Thémines, à qui ils ôtèrent le gouvernement de Béarn. On avait persuadé au roi de prendre par surprise Châtillon, en se retirant; et il me commanda de dire au conseil mon opinion, laquelle je dis en cette sorte :

« Sire, si par le manquement de foi et de parole vous eussiez voulu chercher votre avantage, vous en aviez l'année passée une belle occasion, lorsque par la défaite du pont de Cé, après avoir abattu un grand parti qui s'était élevé contre vous, il était en votre pouvoir d'employer tant les forces ennemies que les armées que vous aviez sur pied pour leur résister, qui consistaient ensemble à plus de cent mille hommes, pour ruiner les huguenots, surpris, mal préparés, dépourvus de forces et dénués de secours. Il ne vous manquait pas alors de prétextes pour l'entreprendre, ni d'habiles personnages pour vous le persuader : l'utilité qui vous en revenait d'exterminer un tel parti, et de donner la paix et le repos à votre État, que soixante années avant, cette faction lui avait ôtés, était assez capable d'émouvoir et d'incliner une âme moins généreuse que la vôtre à faire ce manquement. Ce qui fut néanmoins rejeté par Votre Majesté, pour ne pas violer la foi publique, qui leur avait été donnée de votre part, et pour ne pas contrevenir à vos royales paroles. Est-il possible, Sire, que cette fois la parole que vous avez si saintement gardée, au préjudice même de votre religion, au désavantage de votre État et au dommage de votre propre intérêt, vous la vouliez maintenant abandonner, pour la conquête, pour ne pas dire la volerie et le larcin, d'une simple bicoque; et mettre pour un si vil prix une si grande tache à votre honneur et réputation? La ville de Châtillon, qui demeure en paix au milieu de la guerre, qui reste dans son devoir au milieu de la défection de ceux de la religion, et qui vit en assurance parmi ses voisins, sous la protection de Votre Majesté, se trouvera opprimée sous titre de bonne foi, en présence de Votre Majesté, à qui la voix publique comme émanée du ciel, a attribué le titre de Juste. Cela me semble incroyable, et néanmoins il n'est que trop vrai qu'on l'a proposé à Votre Majesté, qu'elle l'a écouté, et qu'on délibère si elle le doit exécuter. Depuis six semaines, Sire, le chef du parti huguenot, M. de Rohan est venu se mettre entre les mains de M. le connétable sur la plus simple parole et y a trouvé une entière sûreté. MM. de la Force et d'Orval sur celle de M. le maréchal de Chaunes, sont sortis de Montauban pour conférer avec lui; et si, sur celle de Votre Majesté et sur la confiance que vos peuples en doivent prendre, la ville de Châtillon lui ouvre ses portes, elle en encourra sa fatale ruine. Sire, il est aisé de tromper qui se fie; mais il n'est pas aisé de tromper plus d'une fois. Une parole mal gardée pour une seule fois prive pour jamais celui qui l'a enfreinte de créance envers tout le monde. Je ne vois point de difficulté en la prise de Châtillon : vous y serez infailliblement reçu, et sans péril vous vous en rendrez maître ; mais, en gagnant avec reproche et honte cette chétive place, vous perdrez celles de la religion, qui, se fiant en votre royale parole, vivent sous votre autorité, et joindrez aux huguenots rebelles les autres obéissants et fidèles. Une seule armée, ou deux au plus, vous suffisent à faire la guerre aux révoltés, là où six armées ne suffiront pas à ceux que vous contraindrez par cette action à devenir tels. Le seul duc de Bouillon, à qui vous ôtez Châtillon, vous forcera d'en entretenir une en Champagne contre Sédan, une en Limousin contre les places de la vicomté de Turenne ; MM. de la Trémouille et de Sully, jusqu'à cette heure zélés à votre service, chercheront leur sûreté ; et M. Lesdiguières, qui vous a si bien servi cet été contre ceux de sa même religion, et qui contient tout le Dauphiné en paix et obéissance, ne le pourra plus contenir et ne se pourra peut-être plus contenir lui-même, voyant que l'on ne peut plus se fier à Votre Majesté ni prendre créance à sa parole.

« Sire, je ne sais qui vous a donné ce conseil, mais je sais bien, de quelque part qu'il vous vienne, qu'il est intéressé ou mal intentionné ou inconsidéré, et qu'il n'en peut résulter que perte et repentir. C'est pourquoi, Sire, je vous conseille de conserver religieusement, toute votre vie, votre foi et votre parole, tant à vos amis qu'à vos ennemis, à vos voisins qu'à vos sujets, et par un noble et généreux dédain, rejeter comme préjudiciables toutes les propositions et avis contraires que l'on vous viendra donner. »

Le roi, qui n'avait pas besoin de beaucoup de persuasion, pour être détourné de cette entreprise, voyant aussi que les trois maréchaux de France, par leurs gestes, approuvaient mon avis, n'en voulut pas demander aux autres, mais dit qu'il avait toujours bien jugé que son honneur et sa foi ne lui pouvaient permettre d'exécuter ce dessein. A quoi tous les autres ayant applaudi, il fut résolu que l'on irait coucher à Libourne.

On y séjourna le premier jour de l'année 1622. Le roi fit ses dévotions, et après il voulut que tous les chevaliers de son ordre là présents communiassent à la messe.

Il en partit le lendemain, marchant à petites journées jusqu'à Aigre, où M. le Prince vint le trouver. Son dessein était de porter le roi à la continuation de la guerre contre les huguenots, qu'il haïssait; il trouva les ministres, avec lesquels il s'aboucha d'abord, enclins à continuer cette guerre et à éloigner le roi le plus qu'ils pourraient de Paris, afin de le mieux gouverner, et empêcher qu'aucun favori ne pût à l'avenir occuper la place qu'avait tenue M. de Luynes avec tant d'autorité. C'était tout ce que voulait M. le Prince, qui ne laissa pas ensuite de parler à M. le maréchal de Créqui pour sonder son intention. Il la trouva portée à la paix et au repos de la France, si le roi la pouvait avoir des huguenots à des conditions avantageuses et dignes de Sa Majesté, sinon de poursuivre les huguenots et les mettre à la raison et à leur devoir. Il me parla ensuite et me trouva de ce sentiment. Je lui dis, de plus, qu'il trouverait M. de Praslin et tous les autres bons serviteurs du roi de même opinion. Il me dit entre autres mots : « Vous autres gens de guerre, qui la devriez désirer, et qui n'attendez de parvenir que par elle, vous voulez la paix, et les gens de robe et d'État demandent la guerre. »

Je lui répondis que je désirais la guerre et qu'elle devait causer ma fortune et mon avancement; mais que c'était avec la condition que ce fût pour le service du roi et le bien de l'État; qu'autrement je m'estimerais mauvais serviteur du roi et mauvais Français, si, pour mon bien particulier, je désirais une chose qui dût causer à l'un et à l'autre tant de mal. Il dit à Rousselay, son confident, après avoir parlé à M. le maréchal de Créqui et à moi, que nous n'étions pas ses gens, et qu'il aurait plus de succès avec les ministres qu'avec nous. Il se comporta néanmoins avec beaucoup de discrétion, se conservant pour serviteurs les uns et les autres.

Le roi vint le soir coucher à Chisay et voulut se mettre au jeu, attendant l'heure du souper, avec quelques-uns de nous. Il parlait de fortune à M. le maréchal de Praslin et à moi, quand M. le cardinal de Retz et M. le garde des sceaux arrivèrent, avec M. de Schomberg. Le roi nous dit en les voyant entrer : « Mon Dieu! que ces gens sont importuns! Quand on veut passer son temps, ils me viennent tourmenter, et le plus souvent n'ont rien à me dire. » Moi, qui étais bien aise de leur donner une revanche de ce qu'ils faisaient tous les jours contre moi, dis au roi : « Comment, sire, ces Messieurs viennent-ils sans être mandés de vous, ou sans avoir fait savoir à Votre Majesté qu'il y avait quelque chose d'important à délibérer, et sur ce demander votre heure? — Non, me dit-il, ils ne me l'ont jamais fait savoir, et viennent quand il leur plaît et la plupart du temps quand il ne me plaît pas. — Sire, est-ce possible? lui répondis-je. C'est vous traiter en écolier, et eux se font vos pédagogues, vous faisant venir à la leçon quand il leur plaît. Il faut, Sire, que vous négociiez en roi, et que tous les jours à votre arrivée en quelque lieu un de vos secrétaires vienne vous dire s'il est arrivé quelque affaire importante, qui mérite d'assembler votre conseil, et que sur cela vous leur mandiez de venir vous trouver, ou à l'heure même ou à celle qui vous sera la plus commode. Et s'ils ont quelque chose à vous dire, qu'ils vous le fassent savoir, et vous leur manderez quand ils auront à venir vous trouver. C'était ainsi que le feu roi votre père en usait. » Le roi prit en fort bonne part ce que je lui avais remontré et me dit qu'à l'heure même il mettrait mon conseil en pratique, et continua de causer avec M. le maréchal et moi. Quand cela eut un peu duré, M. le Prince vint dire au roi : « Sire, ces Messieurs attendent pour tenir conseil. Le roi se tourna vers M. le Prince avec un visage ému et lui dit : Quel conseil, Monsieur ? je ne les ai point mandés ; je serais enfin leur valet ! Ils viennent quand il leur plaît et lorsqu'il ne me plaît pas. Qu'ils s'en retournent s'ils veulent, et qu'ils ne reviennent que quand je le leur manderai. C'est à eux à prendre mon heure et me l'envoyer demander, et non à moi à la prendre d'eux. Je veux qu'un secrétaire d'État se trouve tous les jours, quand je descendrai en quelque lieu, pour me dire ce qu'il y a de nouveau, et je leur donnerai mon heure ; mais je ne prendrai jamais la leur, car je suis leur maître. » M. le Prince se trouva un peu surpris de cette réponse et se douta bien de quelle boutique elle venait. Il s'en retourna le dire aux ministres, qui firent répondre au roi par M. le Prince qu'ils n'étaient venus que pour recevoir l'honneur de ses commandements, et que Sa Majesté leur voulût dire seulement un mot, après quoi ils s'en retourneraient. Ce que le roi fit; mais il leur dit brusquement : « Messieurs, je vais jouer avec cette compagnie. » Ils lui firent alors une grande révérence et s'en allèrent bien étonnés. M. le cardinal de Retz envoya quérir M. le maréchal de Praslin, qui était son bon ami, et lui fit des plaintes de moi, disant que je leur avais fait jouer ce tour. Il leur dit que oui, qu'il en était témoin, et que je n'étais pas fâché qu'ils le sussent, et que j'étais résolu d'en faire autant à l'avenir. Je vis le lendemain M. le cardinal de Retz et l'assurai de mon très-humble service; mais je lui dis franchement que pour les autres je n'étais pas de leurs amis, et que je voulais bien qu'ils le sussent. Il désira me ramener avec eux; deux choses m'en empêchèrent et eux aussi : l'une, que la nouvelle de l'extrémité de maladie de M. le maréchal de Roquelaure étant arrivée, ces Messieurs en corps, avec M. le le Prince, vinrent demander au roi sa charge de maréchal de France pour M. de Schomberg. Le roi ne fit que leur dire : « Et Bassompierre, que demandera-t-il? » Cette crue réponse toucha fort M. de Schomberg, et depuis ce jour-là nous ne nous parlâmes plus. Le lendemain le roi ne fit qu'une poste en sa journée. Nous fûmes fâchés de voir que ces Messieurs faisaient exprès retarder le roi de venir à Paris, pensant avec le temps emporter l'autorité, avant qu'il eût vu la reine sa mère. Les vieux ministres, M. le maréchal de Créqui et moi nous nous plaignions de ces petites traites. Le comte de la Rocheguyon nous dit que c'était par considération pour les gardes françaises et suisses, qui ne pouvaient suivre autrement. Nous dîmes alors que cette considération ne devait point causer ce long retard, que nous qui commandions l'une et l'autre garde ne nous en plaignions point, et qu'elles marcheraient aussi fort qu'il plairait au roi, et que nous leur ferions faire ce que nous voudrions. Cette dernière parole fut rapportée aux ministres, et ils en firent trois plats au roi, disant que nous nous vantions de faire faire aux deux régiments des gardes ce que nous voudrions, et que nous les tournerions de quel côté il nous plaîrait. Le roi se fâcha de voir que nous mettions son autorité en compromis. Le lendemain matin il me dit : « Je vous ai promis de vous dire tout ce que l'on me dirait de vous : on m'a rapporté que vous vous vantiez de porter les Suisses à faire tout ce que vous voudrez, et même contre mon service ; j'ai voulu vous faire savoir que je ne trouve pas bon que l'on tienne ces discours, et moins vous qu'un autre. » Je lui dis : « Dieu soit loué, Sire, de ce que mes ennemis, cherchant tous les moyens de me nuire, n'en peuvent trouver que de vains. Celui-ci est de cette qualité, et vous pouvez savoir la vérité par leur bouche, quoique peu accoutumée à la dire. Demandez-leur sur quel sujet j'ai dit que je ferais faire aux Suisses ce que je voudrais ; et s'ils ne vous disent que cela a été sur celui de leur faire faire de grandes ou de petites traites, je veux perdre la vie. Nous nous plaignions, M. de Créqui et moi, que l'on fait faire par jour à Votre Majesté moins de chemin pour retourner à Paris que n'en ferait une procession de paroisse. »

Sur cela, il interrogea en ma présence Beringhen et Jaquinot, qui lui dirent la même chose ; il demeura satisfait, et en parla ensuite à M. de Créqui comme d'une chose qu'il avait déjà éclaircie, et peu de jours après cela retomba sur le visage des autres ; car le roi étant à Châtelleraut, ceux du conseil lui proposèrent d'aller le lendemain coucher à la Haye. Il leur répondit : « Je ne vous croirai pas, Messieurs, car si je vous croyais, je ne retournerais de trois mois à Paris. » Il alla coucher à Sainte-Maure. M. d'Épernon vint le trouver à Poitiers, et lui laissa des forces, ainsi qu'à MM. de Saint-Luc et de la Rochefoucauld, pour résister aux huguenots du Poitou et de Saintonge. Peu de jours après nous arrivâmes à Paris, où M. le chancelier et le président Janin persuadèrent au roi de ne pas s'éloigner de la paix lorsque les huguenots se mettraient en leur devoir, et qu'il y trouverait des conditions avantageuses. Les autres du conseil y ayant de la répugnance, le roi résolut d'employer M. de Lesdiguières pour la traiter secrètement avec M. le maréchal de Créqui et M. de Bouillon, et voulut que l'on fît, de la part de M. de Lesdiguières, doubles dépêches : l'une qui se verrait dans le conseil, l'autre particulière adressée à M. de Puisieux, qui ne la communiquerait qu'au roi et m'en ferait part.

Nous passâmes assez bien cet hiver-là à Paris, tant à la cour qu'à la foire de Saint-Germain, et le carême-prenant fut accompagné de plusieurs comédies et grands ballets. La cour était fort belle; mais, sur le milieu du carême, il arriva un accident. Après une soirée fort gaie, la reine, qui était enceinte, s'en retournait coucher, en courant, par la grande salle du Louvre, avec madame la connétable de Luynes et mademoiselle de Verneuil, lorsqu'elle broncha et tomba de son haut, dont elle se blessa et perdit son fruit. On cacha l'affaire au roi tant qu'il fut à Paris, d'où il résolut de partir le dimanche de Pâques-Fleuries, pour aller faire ses Pâques à Orléans, et de là passer par le Berry et s'en aller à Lyon pour attaquer le Languedoc et le réduire à son obéissance. M. de Schomberg et moi nous réconciliâmes par l'entremise de nos amis communs, qui nous ménagèrent une entrevue après Vêpres aux Chartreux, d'où nous sortîmes très-bons amis. Le roi étant parti, on lui fit savoir comment la reine s'était blessée ;

et on l'anima tellement contre les deux dames, qu'il dépêcha à la reine pour lui mander qu'il ne voulait plus que mademoiselle de Verneuil et madame la connétable de Luynes fussent auprès d'elle, et leur écrivit à chacune une lettre pour leur faire savoir qu'elles eussent à se retirer du Louvre.

Le roi étant à Poitiers, donna à M. d'Epernon le premier commandement de ces provinces, lui laissa quatre mille hommes de pied et quatre cents chevaux. Il en donna deux mille et deux cents chevaux à M. de la Rochefoucault, et pareil nombre à M. de Saint-Luc, avec ordre de reconnaître M. d'Épernon, et d'aller en Saintonge, Angoumois et Aunis avec leurs forces; quand il les commanderait de venir l'assister, le premier des deux qui arriverait près de lui serait son lieutenant-général, l'autre servirait de maréchal de camp. Le roi recommanda à tous trois une parfaite union pour le bien de son service, auquel il pensait avoir suffisamment pourvu. M. d'Épernon ayant recommandé à ces deux Messieurs de venir le trouver en Saintonge avec leurs forces, ils y accoururent et y demeurèrent jusqu'à ce qu'ils en eussent chassé M. de Soubise, qui avait alors sur pied une armée de sept mille hommes de pied et sept cents chevaux huguenots. Mais le sieur de Soubise s'étant de là jeté dans le gouvernement de M. de Saint-Luc, puis ensuite dans le Poitou,

M. d'Épernon aima mieux garder ses gouvernements avec les troupes qu'il avait, que de les employer à secourir ses voisins. Le roi, fort en colère, résolut d'aller secourir lui-même le Poitou pour entrer par la Guyenne dans le Languedoc, au lieu d'y venir, comme il avait délibéré, par le Lyonnais. Pour cet effet, il s'avança vers Blois avec toutes ses forces. La reine sa mère qui était allée faire ses Pâques à Orléans avec lui, le voulut accompagner en tout ce voyage, la reine sa femme demeurant à Paris avec M. son frère. Ayant fait amasser tous les bateaux qu'il put sur la Loire, il fit embarquer ses troupes et acheminer à bonnes journées sa cavalerie vers Nantes, où il donna le rendez-vous général, afin d'aller joindre M. de Soubise, qui ravageait le bas Poitou sans aucune résistance, car M. de la Rochefoucauld n'avait pas plus de cents chevaux et quinze cents hommes de pied pour lui résister. Le roi m'ayant mandé de le rejoindre, je partis de Paris et vins coucher à Chartres, le lendemain à Orléans, puis à Tours, où je me mis sur la Loire et allai coucher à Saumur, et de là à Nantes.

Il fut décidé que l'on irait dans le bas Poitou secourir les habitants de l'île Périé, qui tenaient vaillamment contre M. de Soubise, déjà maître de l'île de Ré. Par ordre du roi, j'avais charge de faire passer l'armée dans la marée basse par un gué que les habitants m'avaient indiqué.

Pendant que, couché sur un méchant lit, le roi conférait du passage avec nous, il y eut grande alarme dans le camp. Cinquante personnes se jetèrent dans sa chambre, disant que les ennemis venaient à nous. Je savais bien que c'était impossible, car la mer étant haute, les empêchait de passer. C'est pourquoi, au lieu de m'en alarmer, je voulus voir comment le roi prendrait cette nouvelle, afin que selon sa hardiesse ou son étonnement, j'eusse à l'avenir à me gouverner envers lui.

Ce jeune prince se leva à cette rumeur, et avec un visage plus animé que de coutume, leur dit : « Messieurs, c'est là dehors qu'est l'alarme et où il faut aller, et non dans ma chambre ; » et en même temps il me dit : « Allez en diligence au pont d'Auronet, et me mandez de vos nouvelles promptement ; vous, Zamet, allez trouver M. le Prince ; M. de Praslin avec Marillac demeureront auprès de moi, qui me vais armer et mettre à la tête de mes gardes.

Je fus ravi de voir l'assurance d'un homme de son âge. C'était une fausse alarme, ainsi je m'en revins dormir. A dix heures du soir les troupes furent au rendez-vous. A minuit, pour donner courage aux soldats, je me mis à pied dans l'eau à leur tête ; nous fîmes une telle diligence, qu'en un quart d'heure, la nuit étant fort brune, sept mille hommes comptés que le roi avait d'infanterie passèrent au gué, où il y avait de l'eau plus haut que la ceinture, à cinquante pas de la pleine mer, et qui était large comme la Seine est devant le Louvre. Cela fait, nous campâmes sur le port, et chaque bataillon alluma force feux pour se sécher.

Sur les quatre heures du matin, nous marchâmes deux lieues jusqu'à la vue des ennemis, qui se jetèrent dans les vaisseaux et dans Saint-Gilles, et les autres mirent les armes bas, nous demandant miséricorde sans combat. La cavalerie s'enfuit de même ; mais, ne pouvant faire une si longue retraite, la plupart furent tués par les paysans. Il y mourut sur le champ, tués de sang-froid, sans résistance, plus de quinze cents hommes et autant de prisonniers, furent envoyés aux galères; le reste fut tué par les gens de M. de la Rochefoucauld et par les paysans; de telle sorte que M. de Soubise rentra à La Rochelle avec trente chevaux, de sept cents qu'il en avait, et il ne s'en retourna pas quatre cents hommes de pied, de sept mille qu'il en avait le jour précédant dans son armée. Il y eut bien cent cinquante gentilshommes ou officiers pris et sept pièces de fonte d'artillerie. La Chaume, assez bon château où quelques-uns s'étaient retirés, se rendit le jour d'après à M. de La Rochefoucauld. Depuis il ne se présenta pendant cette guerre dans le Poitou aucun homme dans la campagne pour les huguenots; ils changèrent leurs desseins pour les tourner sur mer, équipant une armée navale dont ils firent amiral un nommé Guiton, qui la mit en fort bon ordre. Le roi, le jour même, passa le bras de mer nommé Aspremont, où nous séjournâmes pour rassembler nos troupes éparses et qui suivaient toujours les ennemis.

Le roi séjourna à Saintes trois jours, tant pour faire avancer son armée que pour donner audience aux ambassadeurs des cantons suisses, qui étaient venus pour intercéder pour les huguenots de France. Je leur fis faire bonne chère, puis les menai à l'audience ; ils eurent pour réponse du roi que, quand les huguenots rebelles rentreraient en leur devoir, il aurait les bras de sa clémence ouverts pour les recevoir. Au siége de Royan, je fus voir le roi en son quartier, et il me dit que le lendemain à quatre heures du matin il voulait venir à notre tranchée et que je l'attendisse à une longue ligne que je fis toute la nuit hausser pour le faire arriver en sûreté. Il vint donc accompagné de M. d'Epernon et de M. de Schomberg. C'était la première fois qu'il y venait. Il me fit l'honneur de me dire : « Bassompierre, je suis nouveau, dites-moi ce qu'il faudra faire pour ne point faillir. » Je ne fus guère embarrassé, car il fit plus généreusement que pas un de nous n'eussions fait et monta trois ou quatre fois sur la banquette des tranchées pour reconnaître à découvert ; il s'y tint si longtemps, que nous frémissions du péril où il se mettait, avec un plus grand calme qu'un vieux capitaine, et ordonna du travail pour la nuit suivante comme s'il eût été ingénieur. Je lui vis faire en retournant une action qui me plut extrêmement. Car, après être remonté à cheval, à un passage que les ennemis connaissaient, ils tirèrent un coup de pièce qui passa à deux pieds au-dessus de la tête du roi, qui parlait à M. d'Epernon. Je marchais devant lui et me tournai, appréhendant pour le roi le coup que je vis venir. Je lui dis : « Mon Dieu ! Sire, cette balle a failli vous tuer. » Il me dit : « Non pas moi, mais M. d'Epernon, » et ne s'étonna ni ne baissa la tête, comme beaucoup d'autres eussent fait. Quelques-uns de ceux qui l'accompagnaient s'étant écartés, il leur dit : « Comment avez-vous peur qu'elle tire encore ? il faut qu'on la recharge. » J'ai vu diverses actions du roi en plusieurs lieux périlleux, et dirai sans flatterie que je n'ai jamais vu un homme plus assuré que lui. Le feu roi son père, qui avait l'estime de chacun, ne témoignait pas une pareille assurance.

Le dimanche, les ennemis firent jouer au quartier de Picardie une mine qui nous causa beaucoup de mal et tua plus de cent cinquante gentilshommes ou officiers. M. de Senecay, maréchal de camp, y fut blessé d'une mousquetade dans les reins dont il mourut à Lyon à la fin de cette année.

J'avais découvert une autre mine dans un bastion, et à l'insu des assiégés j'en avais fait enlever six cents livres de poudre dans des boîtes carrées qu'ils avaient couvertes de terre. Ils y mirent le feu en se retirant qui ne produisit ainsi aucun effet. Les ennemis avaient aussi fait une barricade dans le fossé et une palissade devant, qui nous empêchait d'être maîtres du fossé. Je la fis reconnaître par mon volontaire, jeune garçon de seize ans qui, dès l'année précédente, avait entrepris avec d'autres goujats, au siége de Montauban, des travaux hasardeux que les soldats ne voulaient point accepter. Il avait eu divers coups, entre autres une mousquetade au travers du corps dont je l'avais fait guérir. Ce coquin-là entreprenait force travaux périlleux, et les goujats du camp travaillaient sous lui et gagnaient largement. Ce volontaire alla reconnaître cette barricade avec aussi grande assurance qu'eût pu faire le meilleur sergent de l'armée. Une mousquetade lui perça ses chausses et un autre le bord de son chapeau, et puis nous vint faire son rapport qui fut très-judicieux.

Nous forçâmes cette barricade, ce qui nous mit au pied de la muraille de la ville. Le roi y vint dès cinq heures du matin, entra dans le fossé et eut assurance de la prise de la place. En effet, bientôt on lui amena un tambour de la ville qui venait demander de capituler. Le roi répondit qu'il ne capitulait pas avec ses sujets, mais qu'il les recevrait à grâce, aux conditions qu'il leur enverrait ; en même temps, il me fit écrire les articles qu'il leur accordait et les remit au tambour, avec ordre de revenir dans une heure et amener ceux de la ville pour venir se mettre à ses pieds et recevoir sa grâce, ce qu'ils firent sans contrariété. On fit trêve pendant ce temps ; et après dîner ayant fait embarquer les soldats ennemis, je menai dans la place le sieur de Drouet avec deux cents hommes en garnison. Ce que je fis avec mille peines, car les soldats voulaient à toute force piller Royan.

1622-1625. — La guerre contre les calvinistes continue dans le Midi. — Siége de Nègrepelisse. — Capitulation de Carman. — M. de Lesdiguières. — Reddition de Montpellier. — Affaires d'Italie. — Ambassade de Bassompierre en Suisse.

Nous vînmes devant Nègrepelisse, que nous croyions être obéissante au roi ; mais, à notre arrivée, ils tirèrent sur les carabiniers du maréchal de camp, qui allaient préparer le logement. J'étais à l'avant-garde, et, sur cette nouvelle, le roi me manda de l'investir. Je le fis à l'heure même, et vins loger le régiment de Picardie, qui était le premier, près de l'eau, où ils nous tirèrent fort. Je plaçai ensuite le régiment de Navarre. M. le maréchal de Praslin s'y trouva avec M. de Chevreuse. Comme nous étions tous trois à la tête de nos enfants perdus, dix ou douze soldats ennemis nous firent signe de nous avancer, comme s'ils eussent été des nôtres ; nous le crûmes, et nous étant approchés, ils nous firent leur décharge de vingt pas et s'enfuirent. Dieu voulut qu'ils ne blessèrent personne, ce qui fut un miracle; mais, peu après, escarmouchant, ils tuèrent Esquilly, capitaine de Navarre. M. de Chevreuse était appuyé sur son épaule quand il tomba du coup. Après que nous eûmes fait en plein jour ces deux premières approches, ce qui ne se fit pas sans péril, le régiment des gardes arriva ; je le campai du côté du château. Ceux de dedans nous tirèrent extrêmement. M. de Vic eut un coup de fusil à l'épaule, pendant qu'il me demandait l'ordre pour ses chevau-légers de la garde dont il était cornette. Heureusement ce coup ne lui cassa point d'os. Le mépris que nous faisions de cette place, la croyance que nous avions qu'à tout moment elle viendrait capituler, fit que nous négligeâmes également, moi à faire faire une ligne pour aller à couvert, et M. de Schomberg de faire faire des gabions pour couvrir sa batterie. Il n'y avait dans Nègrepelisse rien au-dessus du mousquet, aucune autre munition de guerre que celle que chaque habitant en pourrait avoir pour la chasse ; nul soldat étranger, nul chef qui les commandât, la place médiocrement bonne pour une armée de province, mais nullement capable de résister à une armée royale; et cependant les habitants ne voulurent jamais se rendre, pas même parlementer, quoiqu'on leur eût souvent secoué la bride, car nous n'avions pas envie de nous arrêter là.

J'allai aux quartiers de Picardie et Navarre pour leur faire tenir des échelles prêtes à donner l'escalade par leurs côtés, tandis que par celui des gardes nous donnerions l'assaut, si ces coquins ne voulaient pas se rendre. La batterie fut prête sur les dix heures du matin. Le roi était malade dès la veille ; néanmoins il voulait se lever pour voir donner l'assaut, et M. le Prince eut de la peine à le retenir. M. le maréchal de Praslin, que le roi avait fait lieutenant général de son armée sous M. le Prince, en vint prendre possession et commanda d'exécuter la batterie ; mais les canons, à la première volée qu'ils tirèrent, renversèrent la muraille qui était devant eux, de sorte que nous fûmes tous à découvert de la mousqueterie ennemie, qui, en une heure, tua ou blessa une douzaine d'officiers et vingt Suisses. Ce petit choc nous fit mettre de l'eau dans notre vin et nous résoudre de remettre la partie au lendemain ; M. le maréchal le manda au roi par M. de Lacurée. Je considérai néanmoins que tout le mal qui nous arrivait ne venait que de trois canonnières du château et proposai à M. de Schomberg d'y faire tirer deux volées de canon à chacune. Il me dit que, pourvu que je fisse venir des Suisses placer les canons, il le ferait. Alors je pris un lieutenant nommé Gabel, brave homme, et lui dis : « Va-moi quérir quarante Suisses pour aider à la batterie, et je leur donnerai un écu à chacun ; » ce qu'il fit promptement ; et n'eûmes pas tiré six coups, qu'ils eurent fermé ces trois canonnières. Alors notre batterie recommença, et, en peu de temps, nous fîmes une brèche que les ennemis réparaient de force charrettes qu'ils mirent derrière. Cependant M. le Prince arriva, et, toutes choses étant prêtes, nous fîmes reconnaître la brèche par un sergent, qui eut un bras cassé d'un coup de fusil.

Il fit néanmoins son rapport, et nous assura que la brèche était raisonnable ; nous allâmes donc à l'assaut et emportâmes la place sans aucune résistance. Tout y fut tué, hormis ceux qui se purent retirer au château. On sauva ce que l'on put, mais la ville fut brûlée. Le château tint jusqu'au lendemain, qu'il se rendit à discrétion, et l'on fit pendre douze ou quinze des plus mutins. Nous eûmes aussi quelque peine à prendre Saint-Antonin, où nous perdîmes, en une seule attaque, plus de quatre cents hommes. M. le Prince me contraria en plus d'une manière durant ce temps, mais sans pouvoir me faire perdre les bonnes grâces de Sa Majesté. En route, à Castelnau de Montmirail, nous nous amusâmes à faire un retranchement entre deux chemins, que nous garnîmes de noix, et le défendis contre le roi qui l'attaqua.

Le Dimanche 26, le roi passa par Rabasteins et vint coucher à Saint-Sulpice, où M. le Prince le joignit. Il proposa au conseil d'attaquer

Carman, à l'instante prière de ceux de Toulouse; mais la plus grande partie du conseil ne fut point d'avis d'employer à conquérir ces petites places le temps que nous pourrions plus utilement employer à prendre Montpellier, Nîmes et Uzès; et, parce que j'avais fait l'ouverture de cet avis, il m'en voulut plus de mal qu'aux autres. On lui laissa conduire l'armée à Castelnaudary, tandis que le roi séjournerait à Toulouse. Je demandai permission de tenter si je pourrais avoir Carman sans perdre aucun temps. M. le Prince sortit du conseil en colère et médisant de moi, qui avais empêché que l'on n'attaquât Carman; ce qui me servit, parce que quelques gentilshommes huguenots, qui étaient là, mandèrent à ceux de la ville que je n'avais point d'ordre de les assiéger : ce qui les empêcha de faire entrer dedans cinq cents hommes, que ceux de Puylaurens leur envoyaient et qui étaient déjà arrivés à Sorrèze. Le lundi, le roi partit de Saint-Sulpice et alla à Toulouse.

Je partis le lendemain avec M. de Valençay, et l'armée vint coucher à Belcastel. Vingt gentilshommes huguenots, qui m'accompagnaient ne devinèrent point mon dessein d'attaquer Carman, et je leur témoignai, quand ils m'en parlèrent, que je n'en avais aucun ordre. Néanmoins, dès le jour auparavant, j'avais envoyé à Lombez trois commissaires de l'artillerie, avec six de mes carabiniers, pour faire faire en diligence vingt gabions, des fascines, tirer des solives pour des plates-formes, et tout l'équipage nécessaire à un bon siége.

Le 29, étant arrivé de bonne heure à une demi-lieue de Carman, M. de Valançay investit la ville avec la cavalerie, tandis que je logeai nos régiments, à mesure qu'ils venaient, aux avenues et lieux propres pour faire les attaques. On vit en même temps charrier les gabions et plates-formes pour les batteries et l'équipage pour plusieurs canons, bien que je n'en eusse que deux avec moi. Ces gentilshommes huguenots, étonnés, me demandèrent si j'avais un ordre nouveau d'attaquer Carman. Je leur répondis que non, mais que le roi, en l'ordonnant en son conseil à Saint-Sulpice, m'avait dit de le tenir secret; qu'il eût été honteux de passer sans ruiner cette bicoque qui avait tant incommodé Toulouse, et que le lendemain ceux de Toulouse devaient m'envoyer huit canons pour l'attaquer, le roi voulant faire servir d'exemple cette méchante ville. Ils commencèrent à me dire que je pouvais abréger le temps; qu'en leur faisant parler, ils se soumettraient peut-être à la raison; que, si je voulais le permettre, un d'eux les irait trouver, et me rapporterait tout contentement. Je leur répondis qu'un capitaine n'acquerrait point de gloire par la reddition des villes avant qu'elles fussent attaquées, et que j'avais plus à désirer de la prendre par force que par composition. Néanmoins, que n'étant point porté à la cruauté, je leur promettais que si dans deux heures celui qui irait leur parler me rapportait une entière obéissance au roi, je leur serais favorable. Ils députèrent à l'heure même un vieux gentilhomme voisin de là, pour aller leur témoigner ma bonne volonté et leur persuader de saisir cette occasion pour éviter leur ruine, comme ceux de Nègrepelisse et de Saint-Antonin se l'étaient attirée par leur opiniâtreté. Je ne discontinuai cependant pas de me préparer au siége; hormis M. de Valençay, tous ceux de l'armée croyaient que je m'y voulais opiniâtrer.

Ce gentilhomme revint avant le temps prescrit, ramenant trois députés de Carman, qui m'offrirent d'abord de se tenir en neutralité durant cette guerre. J'ordonnai au capitaine Gosas, qui les avait amenés, de les reconduire sans aucune réponse. Ces gentilshommes me priaient de ne pas les laisser aller de la sorte, et qu'ils porteraient les habitants à obéir. Je me fâchai contre eux, leur reprochant de m'avoir fait subir un affront dont je saurais bien me venger dans peu de jours. Je dis à ces députés que s'ils envoyaient à l'avenir quelqu'un pour venir me parler il serait pendu sans rémission. Alors, ils me dirent que c'était une proposition qu'ils m'avaient faite, au défaut de laquelle ils m'offraient d'obéir et de remettre la ville à une honnête capitulation. Moi, qui en mourais d'envie, me faisais solliciter, feignant de ne vouloir pas seulement répondre. Enfin, je me laissai vaincre par les gentilshommes et consentis à recevoir quatre otages des principaux de la ville, en attendant qu'ils sortissent avec leurs armes et bagage, sans tambour ni enseigne, et que pardon serait fait aux habitants, dont les murailles seraient rasées ; ce qui fut exécuté. Six compagnies du régiment de Piémont prirent aussi la ville de Cuq et la brûlèrent.

Je m'en vins trouver le roi à Toulouse, où j'arrivai pendant qu'il était en son conseil et qu'il querellait M. le Prince de ce qu'en parlement il avait dit que la lâcheté de M. de Bassompierre avait empêché que le roi n'attaquât Carman, comme il le lui avait conseillé, mais que je l'en avais détourné. Comme l'on eut dit au roi que j'étais à la porte, il s'étonna que j'eusse quitté l'armée, et, m'ayant fait entrer, je lui dis que j'avais voulu lui apporter moi-même la nouvelle de la prise de Carman et de celle de Cuq et recevoir ses commandements. Alors M. le Prince se leva et vint m'embrasser, disant qu'il avait eu tort de dire ce qu'il avait dit, et qu'il le réparerait en disant force bien de moi. Il ajouta qu'il me ferait donner dix mille écus par la ville et vingt mille à lui, si la nouvelle de la prise n'était point encore divulguée ; mais il se trouva que ceux qui m'avaient accompagné en avaient déjà fait courir le bruit. On ne peut dire la joie que ressentirent ceux de Toulouse de cette prise.

Ils me firent apprêter un beau logis, me vinrent remercier et me prier de venir le lendemain dîner en la maison de ville, où ils feraient pour moi une belle assemblée suivie d'un bal. Mais je m'en excusai sur la nécessité que j'avais d'être promptement à l'armée, où M. le maréchal de Praslin voulut venir. J'arrivai donc le lendemain, 1er juillet, à Saint-Félix de Caraman, où était l'armée, et y séjournâmes pour aller ensuite investir Revel ; j'y fus avec M. le maréchal, qui l'envoya sommer de se rendre. En y allant, mon cheval se jeta dans un fossé et moi sous lui, ce qui me pensa tuer. J'en fus quitte pour un pied froissé. On me ramena à Saint-Félix, et M. le maréchal, qui ne voulait point s'embarquer à un siége, se contenta de leur refus sans les forcer, parce qu'il voulait prendre le Mas Sainte-Puelle qui était sur le chemin que le roi devait tenir, en venant de Toulouse à Castelnaudary.

Nous nous présentâmes devant le Mas, qui se rendit à notre armée ; puis nous vînmes coucher à Castelnaudary, où nous séjournâmes le lendemain ; et le lundi 4, le roi y arriva malade. Ce qui nous fit séjourner jusqu'au 12, tandis que notre armée marchait vers le Bas-Languedoc, sous la conduite de M. le maréchal de Praslin. Je ne fus point à l'armée, parce que le roi me retint près de lui. Nous vînmes coucher à Alzonne, où M. de Montmorency vint le trouver ; Sa Majesté commanda à M. de Schomberg et à moi de nous trouver au sortir de son souper, et nous dit alors qu'il avait reçu la nouvelle de la conversion à notre religion de M. de Lesdiguières, et qu'il lui avait promis moyennant ce l'épée de connétable (1); qu'il lui demandait aussi l'ordre du Saint-Esprit, et qu'il ferait assembler un chapitre de l'ordre à Carcassonne pour le lui donner; que par ce moyen il acquerrait, sans coup férir, tout le Dauphiné pour notre religion, ce qui apporterait un grand étonnement et consternation aux autres huguenots; qu'au reste il voyait par sa promotion à l'état de connétable un bâton de maréchal de France réservé pour un de nous deux, et que le premier qui viendrait à mourir il nous en ferait à tous deux prêter le serment et tirer à la courte bûche à qui le serait le premier. Nous lui en rendîmes tous deux de très-humbles actions de grâces. Ensuite M. de Schomberg lui dit que, exposant à toute heure notre vie pour son service, il y avait apparence que nous viendrions à vaquer aussitôt que cette maréchaussée; qu'en qualité de maréchaux de France nous pourrions le servir utilement dans la guerre du Languedoc, s'il nous voulait faire la grâce de nous créer présentement, et qu'il pourrait ensuite supprimer la première charge de maréchal

(1) Le duc de Lesdiguières avait promis au cardinal Ludovisio de se faire catholique quand ce cardinal serait devenu pape. Les deux cas arrivèrent. Ludovisio fut proclamé à Rome sous le nom de Grégoire XV, et Lesdiguières tint parole.

qui viendrait à vaquer, ce qui serait la même chose que ce qu'il proposait; il pressa le roi bien fort, qui s'en défendit le plus qu'il put. Enfin je lui dis : « Sire, la grâce que Votre Majesté vient de me faire, de m'estimer digne de la charge de maréchal de France et de me l'avoir promise avant de lui en avoir parlé, est si grande, que, quand elle n'arriverait jamais, je suis plus que dignement récompensé par cet honneur inopiné et non mérité. J'avoue à Votre Majesté qu'ayant toujours mieux aimé mériter les grands honneurs que de les posséder, je n'ai pas une aussi grande avidité de ce bâton que M. de Schomberg. Aussi, étant de six années plus jeune que lui, j'aurai plus de loisir à l'attendre et plus de temps selon le cours de la nature, à en jouir. C'est pourquoi Votre Majesté peut, dès à présent, disposer de la charge par la promotion de M. de Lesdiguières à la connétablie, et me conserver la bonne volonté qu'elle a pour moi, lorsqu'il en viendra à vaquer une pareille. Je n'y perdrai que la préséance que vous vouliez mettre au sort, qui pouvait autant tourner en sa faveur qu'à mon avantage. J'ai moins d'âge que lui, il est de votre conseil avant moi, il m'a précédé à l'ordre du Saint-Esprit, il est l'un de vos ministres : tout cela me fera souffrir sans envie qu'il soit encore avant moi maréchal de France. Je supplie donc très-humblement Votre Majesté que ma considération ne l'empêche point de recevoir présentement cet honneur, que je recevrai de sa bonté lorsqu'elle le jugera utile à son service. » M. de Schomberg, reconnaissant de ma courtoisie, m'en rendit de très-exquis remerciements; mais le roi persista à ne vouloir point créer l'un sans l'autre.

Le jeudi 13, le roi arriva à Carcassonne, et, après dîner, convoqua un chapitre de commandeurs du Saint-Esprit, auquel assistèrent, avec Sa Majesté, M. le Prince, MM. de Chevreuse, de Montmorency, d'Épernon, de Praslin, de Saint-Geran, de Courtanvaut, de Portes, de Senneçay, de Valençay et le chancelier de l'ordre, M. de Châteauneuf; et là, nous ayant proposé M. de Lesdiguières et le bien que cette faveur causerait à notre religion, son mérite et la charge de connétable dont il l'honorait ; tous furent d'avis de lui envoyer le brevet, sur l'assurance que le roi donna d'un bref du Pape dont il s'assurait pour le confirmer, parce que c'était contre les statuts.

Le 17 juillet, le roi vint à Béziers, où il séjourna quelque temps, tandis que l'armée marchait vers Montpellier, autour duquel il y avait quelques troupes de M. de Montmorency avec M. Zamet, que le roi avait envoyé à la tête de trois cents chevaux; lorsqu'il était à Moissac pour fortifier la petite armée de M. de Montmorency, il avait livré quelques petits combats avec avantage.

Lunel fut assiégé et pris par capitulation, laquelle portait que les soldats sortiraient avec leurs épées seulement, et que leurs armes seraient portées sur des chariots. Il y eut quelque ordre en la sortie, jusqu'à ce que le bagage parût; mais, alors, des soldats débandés de notre armée se jetèrent dessus, sans qu'il fût possible à M. le maréchal ni à de Portes et Marillac de les en empêcher; ils dévalisèrent ensuite les pauvres soldats, dont ils tuèrent inhumainement plus de quatre cents, et avec tant d'impunité, que huit soldats de diverses nations se présentèrent à la porte de Lunel avec plus de vingt prisonniers qu'ils menaient attachés. Ils étaient si chargés, qu'à peine pouvaient-ils marcher; trouvant la porte de Lunel fermée, ils crièrent aux sentinelles qu'ils vinssent m'avertir de leur faire ouvrir. Je vins à la porte, et sur le récit que l'on me fit, que je trouvai véritable, je les fis entrer; puis, je fis lier les huit galants des cordes dont ils avaient lié les vingt prisonniers, et les fis conduire par mes carabiniers jusque sur le chemin de Cauvisson; je donnai aux prisonniers le butin des huit soldats, que je fis pendre sans autre forme de procès, et devant eux, à un arbre proche de Lunel, dont M. le Prince me sut bon gré le lendemain et m'en remercia.

Le lundi 29 août, M. le connétable de Lesdiguières reçut l'épée du roi, auquel il en fit hommage, et prêta le serment; après quoi le roi me dit qu'il me donnait le bâton de maréchal de France que M. le connétable venait de quitter en prenant l'épée, qu'il commanderait mes lettres pour m'en faire ensuite prêter le serment. Je lui rendis de très-humbles actions de grâces de ces excessives faveurs. M. de Schomberg, en présence de qui le roi m'en parla, en fut bien étonné; il ne laissa pas pour cela de venir dîner chez moi avec MM. le connétable, le cardinal de la Valette, de Chevreuse, de Montmorency, Epernon, Praslin, Saint-Géran et Créqui. M. le Prince, ennemi de la paix avec les huguenots, avait dit que si le roi entrait dans Montpellier il le ferait piller; ce qui avait tellement effrayé les habitants, qu'ils préférèrent tout endurer plutôt que de recevoir le roi; et pour dernière réponse, ils offrirent leur obéissance, pourvu que le roi n'entrât point dans leur ville, dont ils tenaient le pillage assuré si on lui en ouvrait les portes. Le roi, qui avait convoqué le conseil, dit à M. de Bouillon de faire son rapport et de donner son opinion. « Sire, dit-il, j'ai toujours ouï dire que, dans la guerre, celui qui en a le profit en emporte l'honneur. C'est pourquoi je conseillerai à Votre Majesté d'aller au solide. Si la ville de Montpellier vous refusait l'obéissance qu'elle vous doit, je dirais qu'il faut la détruire, mais c'est un peuple épouvanté des menaces qu'on lui a faites de piller et d'incendier leurs maisons; il vous supplie, au nom de Dieu, de recevoir son obéissance par M. le connétable, qui y entrera, vous étant éloigné, avec telles forces qu'il lui plaira pour y faire reconnaître votre autorité, ce qui est la même chose que si vous y entriez vous-même. Pourquoi ne préféreriez-vous pas, Sire, une paix si utile et si honorable à une guerre dont le succès est douteux. Dès maintenant Votre Majesté peut recevoir, ou pour mieux dire donner cette paix à ses sujets rebelles. Ceux de Montpellier offriront et même supplieront humblement Votre Majesté de venir honorer leur ville de sa présence et d'y faire son entrée, qu'ils prépareront aussi magnifique qu'ils pourront; mais ils vous demandent six jours pour licencier les troupes des Cévennes qui sont dans leur ville, et pour se préparer à recevoir dignement Votre Majesté. »

M. le Prince, qui avait écouté M. de Bouillon avec impatience, put à peine le laisser finir. Il déclama contre lui, disant qu'il avait forgé cette paix à l'insu du conseil, et voulait la faire conclure avec honte et infamie. Mais le roi, auprès de qui il était, faisant un signe de la main, lui dit qu'il laissât chacun opiner librement, et qu'il parlerait à son tour : ce qu'il fit tant bien que mal, se démenant sur son siége et montrant, par ses gestes, sa répugnance pour ces avis. M. le président Faure dit peu de paroles, dans le sens de M. de Bouillon, et conclut de même, ainsi que MM. de Montréal, de Portes, Valençay, Zamet et Marillac. Quand mon tour arriva, M. le Prince, qui avait toujours parlé bas, éleva la voix et dit : « Je sais déjà son opinion. » Je la dis en ces termes : « Sire, je suis d'avis que Votre Majesté quitte son conseil, montrant, par un noble dédain, combien elle se sent offensée des propositions des habitants de Montpellier, et combien les avis qu'on lui donne lui sont désagréables. Si Votre Majesté était devant Strasbourg, Anvers ou Milan pour conclure la paix avec les princes à qui ces villes appartiennent, la condition de n'y pas entrer serait tolérable; mais qu'un roi de France victorieux, à la tête d'une grande armée, au lieu de donner la paix à une partie de ses sujets rebelles, la reçoive d'eux à une condition honteuse, c'est une injure qu'il ne faut pas souffrir et pas même écouter. La ville de Montpellier fermera ses portes à son roi, et avant de lui faire serment de fidélité, l'obligera à s'éloigner de dix lieues! Le roi qui reçoit ces conditions doit se préparer à recevoir de terribles outrages des autres villes devenues plus audacieuses par cet exemple d'impunité. Sire, au nom de Dieu, prenez une ferme résolution et y persévérez, ou de ruiner ce peuple rebelle et insolent, ou de le réduire à une entière et respectueuse soumission. Je consulte non mes intérêts, mais le service de Votre Majesté; car si la paix se conclut aujourd'hui, elle me trouvera plus récompensé que ne méritaient mes services, par le bâton de maréchal de France que Votre Majesté m'a promis, tandis que je ne puis gagner au siége de Montpellier que des fatigues, des coups et peut-être la mort. Je courrai néanmoins ces risques, et supplie Votre Majesté de différer ma réception jusqu'à ce que la ville de Montpellier soit réduite à l'obéissance, et que Votre Majesté soit vengée de l'affront que vous font ces rebelles. »

Quand j'eus fini de parler, M. le Prince, qui m'avait écouté attentivement, se leva et dit au roi : « Sire, voilà un homme de bien, grand serviteur de Votre Majesté et jaloux de votre honneur. » Le roi se leva, ce qui obligea tous les autres à se lever aussi. Alors Sa Majesté dit à M. de Bouillon : « Retournez à Montpellier, et dites aux habitants que je donne des capitulations à mes sujets, mais que je n'en reçois pas d'eux. Qu'ils acceptent celle que je leur ai offerte, ou qu'ils se préparent à y être forcés. » Ainsi se termina le conseil. M. le Prince vint m'embrasser et dit tout haut tant de bien de moi, que j'en demeurai confus. M. le connétable et M. de Bouillon, qui avaient négocié cette paix, voyant l'opiniâtreté de ceux de Montpellier, conseillèrent au roi de les mettre à la raison, et dès le soir tout traité fut rompu.

Je me plaignis à M. le maréchal de Praslin devant M. le connétable, de ce qu'il ne m'avait pas dit que ce dernier voulait aller reconnaître la ville, lui observant que son silence était cause que deux mille hommes de pied qui eussent escorté M. le connétable pour reconnaître la place avec sûreté et repoussé les ennemis en cas d'attaque, n'étaient pas prêts comme ils l'auraient été s'il m'eût prévenu. Il me répondit que quand je serais maréchal de France je ferais ce qu'il me plairait dans mon commandement; mais que lui, commandant cette armée, il ne lui avait pas plu de m'en parler. Je fus fort étonné de cettte rude réponse, car je l'aimais comme mon père et lui dis qu'il fît comme il l'entendait, que je ne m'en mêlerais pas. Il se mit à la tête de quelque cavalerie. Pendant que nous faisions le tour de la place, les ennemis sortirent au nombre de deux cents hommes et tirèrent continuellement sur nous, qui n'avions pas d'infanterie à leur opposer. Ils blessèrent quelques personnes et plusieurs chevaux. Le comte de Maille eut un coup de mousquet au visage. Le lendemain l'armée vint camper près de Montpellier, et nous commençâmes les travaux du siége.

Peu de jours après, au sortir du conseil, comme j'étais sur mon lit, vers midi, j'entendis tirer trois coups de canon. Je sortis de ma tente et vis les ennemis attaquer nos gens, qui étaient au havre Saint-Denis. Je demandai un cheval et m'acheminai à la hâte vers le quartier des Suisses, quand je vis nos gens s'enfuir et se glisser au bas de la montagne, vers un petit ruisseau nommé le Merdançon. Je fis prendre les armes aux

Suisses et marcher droit aux ennemis. Le roi était au haut de son logis avec plusieurs princes et seigneurs. Voyant cette sortie des ennemis, ils y coururent avec un tel désordre, qu'ils ne purent les distinguer des nôtres que quand ils s'en virent investis. M. de Montmorency ayant rencontré Argencourt, celui-ci qui ne voulait pas le faire tuer, lui dit : « Retirez-vous par là. » Ce qu'il ne se fit pas dire deux fois. Cependant il ne put éviter deux légers coups de pique; les autres de la même compagnie furent tous tués, savoir : M. le duc de Fronsac, jeune prince d'une grande espérance; M. le marquis de Beuvron, très-vaillant seigneur; Cussan, jeune gentilhomme du Languedoc, et autres. Quand les ennemis virent marcher les Suisses, ils songèrent à la retraite; mais ils furent poursuivis résolument par ces derniers, que commandait M. le Prince, exposé à mille mousquetades. M. le maréchal de Praslin soutint toujours et fit très-bien. Le lendemain M. Zamet, qui remplissait la charge de maréchal de camp, eut la cuisse cassée d'un coup tiré de la ville, dont il mourut trois jours après. Le même coup emporta une fesse au sieur de Moulon, aide-de-camp, dont il guérit.

Un dimanche au soir, comme nous allions souper, nous entendîmes tirer plus qu'à l'ordinaire à la tranchée, ce qui nous y fit courir en diligence. C'était une sortie des ennemis, au nombre de six cents, qui venaient ruiner une barricade de gabions que nous avions faite; nous y arrivâmes au moment où les nôtres venaient d'en être repoussés. Deschamps, qui marchait devant moi, croyant que la gabionnade fût encore à nous, et voyant qu'on était occupé à la renverser, s'écria : « Morbleu! que faites-vous? vous rompez notre barricade! » On lui répondit par quatre ou cinq coups d'épée, et l'on allait l'achever, lorsqu'il s'écria : « Je suis Bassompierre, il y a vingt mille écus à gagner. » Alors ils le firent prisonnier, pensant que ce fût moi. Je reconnus tard, et le Plessis aussi qui me suivait, que nous nous étions trop avancés. Nous fîmes donc semblant tous deux d'aider à détruire la gabionnade, et prîmes notre temps pour nous jeter dans le trou de notre barricade. En y entrant, un soldat nous tira à bout portant une mousquetade qui, par miracle, ne toucha ni le Plessis ni moi. Ayant pris chacun cent hommes, nous revînmes sur les démolisseurs, que nous fîmes déguerpir plus vite que le pas, laissant morts huit ou dix hommes des leurs et quatre prisonniers.

Depuis la mort de M. le garde des sceaux de Vic et de M. le cardinal de Retz, M. le Prince et M. de Schomberg, voyant leur parti affaibli, voulaient faire nommer M. d'Aligre aux sceaux, et déjà le roi en avait donné sa parole; mais je le travaillai pendant plusieurs jours pour détourner ce coup, et proposai pour cela faire M. de Caumartin. « Oui, dit le roi, mais il est bègue et moi aussi; de sorte que lui, qui doit aider ma parole, aura besoin d'un autre pour parler pour lui. » Je répondis que depuis quarante ans qu'il était dans le conseil, il avait montré qu'il n'avait pas la langue bien empêchée. Enfin, il me promit de le nommer; ce qu'il fit quelques jours plus tard.

Quelque temps après, la paix devant se conclure, M. de Rohan, mené par M. le maréchal de Créqui et sur sa parole, vint passer par notre camp et entrer à huit heures du matin dans Montpellier, où il demeura deux jours, pour gagner le peuple et recevoir la paix qu'il ne voulait point avec la condition de recevoir garnison dans la ville.

Le mercredi, 12, je vins au conseil et il me sembla que le roi me faisait moins bonne mine que de coutume, et même il ne me parla point. Il était au cabinet de ses oiseaux, et peu après dit à la compagnie qu'ils vinssent tenir le conseil en sa chambre, et dit à M. le cardinal de la Vallette, à M. de Chevreuse et d'Elbœuf qu'ils y vinssent, comme aussi à M. de Vendôme qui arriva en même temps. Il y avait M. le connétable, MM. d'Espernon, de Praslin, de Créqui et de Montmorency, les maréchaux de camp et des logis, M. le garde des sceaux et M. de Puissieux. Comme nous entrions, M. le garde des sceaux me dit: Je pensais, pour reconnaître les obligations que je vous ai, vous envoyer vos lettres parfumées ; mais le roi m'a tellement pressé par Bautru qu'il m'envoya hier au soir, que je n'eus pas le temps. — Quelles lettres ? lui répondis-je.—Celles de maréchal de France, dont vous allez prêter le serment. » Ce dont je fus bien étonné et réjouï ; en même temps le roi dit ces mêmes mots :

« Messieurs, j'ai l'intention de reconnaître les bons et grands services que j'ai reçus depuis plusieurs années de M. de Bassompierre, tant aux guerres qu'en d'autres occasions, d'une charge de maréchal de France, croyant qu'il m'y servira dignement et utilément. Je désire avoir vos opinions sur cela, pour voir si vos sentiments se conforment aux miens. »

Alors, tous d'une voix me firent l'honneur de dire plus de bien de moi qu'il n'y en avait, et le roi, sans dire autre chose, me prit par la main et s'étant assis, me fit mettre à genoux et prêter le serment ; puis me mit le bâton à la main ; je lui en fis de très-humbles remerciements. Tous ceux qui étaient présents me vinrent embrasser et se réjouir de ma promotion. Ensuite tous les corps de l'armée, tant infanterie que cavalerie, vinrent rendre grâce au roi du choix qu'il avait fait de ma personne, leur premier maréchal de camp, pour le faire maréchal de France. L'artillerie lui ayant demandé permission de faire le soir même une salve de tous les canons, l'infanterie en fit autant en réjouissance. Comme ceux de la ville se fâchaient, le sieur de Colonges, gouverneur de Montpellier, fit demander à la tranchée pourquoi ce salut se faisait; lui en ayant dit la cause, il me fit dire que ceux de Montpellier n'en feraient pas moins que ceux de l'armée, et fit faire aussi une salve générale. Ce même soir, ils envoyèrent au roi l'entière résolution de la paix, trois jours auparavant nous en avions une telle assurance que l'on n'avançait rien à nos travaux.

Le jeudi 13, M. de Rohan sortit de Montpellier pour aller porter aux députés assemblés à Ganges la résolution de la paix ; il y avait cette difficulté, que le roi voulait tenir garnison à Montpellier, tandis que ceux de la ville ne voulaient consentir qu'a recevoir la garde ordinaire du roi, qui y entrerait avec lui. Enfin, il fut décidé que le roi la laisserait libre en s'en allant; mais de Rohan lui dit que quand il n'observerait pas cet article, bien qu'il fût dans le traité de paix, les huguenots ne reprendraient pas les armes.

Le 19, les députés vinrent se mettre à genoux devant le roi. M. de Colonges demanda pardon de leur rebellion passée, et rendit grâces au roi, de leur donner la paix avec la continuation de leurs édits. Ensuite les consuls de la ville firent de même. Puis, le roi commanda à M. le connétable d'en prendre possession et ordonna à M. de Créqui et à moi d'y aller établir les régiments des gardes françaises et suisses, ce que nous exécutâmes avec tel ordre, qu'il n'y eut pas la moindre rumeur ni alarme toute la nuit, bien que les soldats étrangers qui gardaient la ville fussent sur les bastions, le peuple dans les maisons, et quatre mille Français et Suisses des gardes du roi dans les rues, places et carrefours. Le lendemain nous fîmes sortir tous les soldats étrangers, et leur donnâmes escorte jusqu'à Montferrier, d'où ils passèrent aux Cévennes. Le roi y fit ensuite son entrée, et l'on cantonna les deux régiments des gardes; tout y fut aussi paisible que si jamais la guerre n'y eût été. Le dimanche suivant, il se fit une procession générale par la ville, en laquelle on porta le saint Sacrement. Le roi partit pour Arles et y séjourna jusqu'après la Toussaint, il y toucha les malades atteints des écrouelles et me commanda de mener son armée à Privas, pour y faire recevoir la paix ou y mener forte guerre, pour nettoyer le Rhône de six méchants forts que Brison et autres Huguenots y avaient construits pour y brigander. Et cependant il s'en alla visiter la province, et partit d'Arles le 2 novembre pour se rendre à Avignon où il séjourna jusqu'au 21 et partit pour Lyon. Dans cet intervalle, M. de Schomberg tomba malade; on dit au roi, que pendant qu'il commandait l'artillerie, il négligeait les finances et laissait les trésoriers dérober impunément. Le roi de son naturel est bon ménager jusqu'à pencher vers l'avarice en petites choses ; et cependant jamais roi de France n'a tant donné , tant dépensé que lui ; mais il croit facilement aux rapports qu'on lui fait ; il dit donc que si M. de Schomberg réchappait, il fallait lui ôter les finances. On regardait sa mort comme certaine, c'est pourquoi MM. de Caumartin et de Puisieux me dirent qu'il fallait y pourvoir de bonne heure. Je proposai M. de Sully comme personnage éprouvé et estimé de tout le monde, et à son défaut je nommai le marquis de Seneçay. M. de Caumartin proposa six directeurs qui ne pussent rien faire l'un sans l'autre , ce qui ferait qu'un seul pourrait empêcher les autres de dérober. Le roi à qui on en parla, repoussa cette idée et jeta les yeux sur M. de Seneçay. Cependant M. de Schomberg guérit, mais non dans l'esprit du roi auquel la Vieuville avait dit que M. de Schomberg avait dépensé par anticipation jusqu'au dernier quartier de l'année suivante. Aussi se croyait-il ruiné ; il envoya quérir à l'heure même MM. le garde des sceaux, de Puisieux et moi , et nous dit : « Il faut dès aujourd'hui, ôter les finances à Schomberg. » Ces messieurs applaudirent, moi seul dis au roi : « Sire ! peut-être M. de Schomberg fera-t-il voir que les finances ne sont pas en l'état qu'on vous dit, nul n'en sait le fond que celui qui les manie, et puis en les ôtant à M. de Schomberg aurez-vous plus de fonds qu'il n'y en a ? au pis aller vous trouverez plus de crédit sur la parole d'un ancien chef des finances que sur celle d'un nouveau venu, qui fera fermer les bourses jusqu'à ce qu'on sache de quel bois il se chauffe. — Oui, dit le gardes des sceaux, mais cependant les chiens mangent le lièvre, la nouvelle année approche, il faut un trésorier de l'épargne pour la faire. —Je n'ai jamais ouï dire, répondis-je, que, pour trouver un trésorier de l'épargne, il faille chasser un surintendant. Donnez-vous patience et vous éclaircissez de ce que vous dit M. de la Vieuville. Ils me crurent enfin, mais avec beaucoup de peine. Cependant, ayant rencontré M. de Schomberg à Avignon, je lui demandai dans quel état se trouvaient les finances, il me dit qu'il avait de quoi achever cette année sans toucher à la suivante, et en outre pour huit millions de moyens extraordinaires sans diminuer les revenus du roi ni augmenter les charges des particuliers. Je fis part de cela au roi, qui fut fort réjoui, et me dit qu'il tenait Schomberg pour bon homme et point larron; ce sont ses mots, et qu'il le conserverait. Cependant quelque temps, après les cabales ayant recommencé, le roi finit par le chasser; et afin que je ne pusse le maintenir auprès de Sa Majesté, on lui dit que Schomberg devait faire payer mes dettes par les financiers, s'il était maintenu.

Dès que le roi fut arrivé à Paris, il traita et conclut une ligue offensive et défensive avec le duc de Savoie et la seigneurie de Venise pour recouver la Valteline aux Grisons. En même temps, le marquis de Mirabel lui offrit, de la part du roi d'Espagne, l'exécution du traité de Madrid, et que, quant à l'établissement de la religion dont il était question audit traité, le roi d'Espagne s'en remettrait entièrement au Pape pour le décider : ce que le roi accepta, et s'en remit aussi au Pape ; de sorte qu'au dehors nos affaires étant calmes, et au dedans la paix établie, nos pensées furent tournées vers la cour.

M. de Montmorency se plaignit au roi de ce que madame de Luynes, alors duchesse de Chevreuse, avait été nommée surintendante des dames d'honneur de la reine, disant que madame la connétable, sa belle-mère, n'avait accepté d'être dame d'honneur qu'à condition qu'il n'y aurait point de surintendante. Cette affaire fut portée au conseil, et les deux parties me prièrent d'employer mon petit pouvoir en leur faveur ; mais comme j'étais attaché à ces deux maisons, et en particulier à mesdames les princesses de Condé et de Conti qui en faisaient leur propre affaire, j'obtins que je ne m'en mêlerais point. Elles furent privées l'une et l'autre de leur charge, contre l'opinion de M. de Puisieux, qui, dès ce jour-là, vit sa ruine prochaine qu'il cacha par vanité à ses amis. M'ayant demandé ce que je pensais de cet arrêt, je lui répondis qu'on n'en pouvait donner de pire, attendu que les deux parties en étaient offensées et que le juge qui était le roi serait condamné aux dépens; qu'en effet, pour ne pas mécontenter deux si grandes maisons que celles de Lorraine et de Montmorency, il était à craindre, vu le mauvais état de la France et l'incertitude de la paix avec les huguenots, que le roi, dans quelque temps, ne fût obligé de rétablir ce qu'il avait présentement détruit. Je pensaïs de dire cela à un ami; mais M. de Puisieux, pour faire le bon valet, l'alla redire au roi, et le roi à la Vieuville, qui, charmé d'avoir trouvé occasion de me nuire, dit au roi que ces propos étaient criminels et méritaient la Bastille, de sorte que le roi m'en fit la mine et fut huit jours sans me parler, jusqu'à ce que, s'étant plaint de moi à M. le cardinal de Larochefoucauld et au P. Seguiran, ils me le dirent et firent ma paix avec lui.

Au commencement de l'année 1624, M. le chancelier, voyant sa fortune abattue et que ses ennemis prévalaient, rendit les sceaux au roi avant qu'il les lui demandât, et se coucha de peur d'être porté par terre. Mais ce fut en vain, car la Vieuville, appuyé d'autres personnes puissantes, et particulièrement de la reine-mère qui s'était mise en parfaite intelligence avec le roi son fils, firent donner congé à M. le chancelier et à M. de Puisieux, auxquels le roi écrivit, le dimanche 4 de février, qu'ils eussent à se retirer à une de leurs maisons hors de Paris. Ce qu'ils firent le lendemain. Par ce moyen, la Vieuville fut en suprême faveur, et dès-lors pratiqua ouvertement ma ruine, n'ayant pu m'obliger à quitter mes amis comme il m'en fit supplier avant Noël, afin de me lier à lui d'une étroite amitié.

Le roi donna en même temps les sceaux à M. d'Aligre, que je ne laissai pas d'aller voir, quoique je susse qu'il ne m'aimait pas, et ce en compagnie de M. de Créqui et de M. de Saint-Luc. Il nous fit très-bonne chère, particulièrement à moi ; de quoi d'autres qui l'étaient aussi venu congratuler étant étonnés, je leur dis tout haut : « Ne vous étonnez pas, Messieurs, de la bonne chère que me fait le nouveau garde des sceaux, car je suis cause de ce que le roi les lui a aujourd'hui mis en main. » Il me dit alors : « Monsieur, je ne savais pas vous avoir cette obligation ; je vous supplie de me dire comment. — Monsieur, lui dis-je, sans moi vous ne les eussiez pas eus aujourd'hui, mais dès l'année passée. » Il se prit à rire et me dit que c'était vrai, mais que j'avais fait mon devoir, car je ne le connaissais guère, et j'étais obligé de travailler pour mon ami M. de Caumartin. Puis il me dit qu'il me priait de l'aimer, et qu'il me jurait devant ces Messieurs qu'il serait fidèlement mon serviteur et mon ami, comme il me l'a depuis témoigné en toutes les occasions.

Pendant le carême, la Vieuville montra au roi que je m'étais fais donner par le secrétaire de la guerre, qui était M. de Puisieux, vingt-quatre mille livres d'entretien par an sur les Suisses, qui, d'après lui, ne m'appartenaient pas. Je demandai de prouver mon droit en plein conseil : ce que je fis devant le roi, et la Vieuville me voulant répliquer, je lui lavai bien la tête; néanmoins mes États demeurèrent en souffrance.

Le roi alla sur ces entrefaites à Compiègne, où je lui parlai deux fois sur mon affaire ; je lui demandai de l'entretenir, parce que je savais que la Vieuville m'accusait d'être pensionné de l'Espagne, et même avait fait prendre un prisonnier nommé Lopez, Espagnol qui me hantait, pensant trouver quelque chose contre moi par son moyen. Le roi me parla enfin en particulier. Je lui dis ce que Dieu m'inspira en faveur de mon innocence et contre la calomnie de la Vieuville, de sorte que je demeurai très-bien en son esprit, et lui très-mal ; et, pour mieux couvrir notre jeu, le roi voulut que je ne lui parlasse point devant le monde, hormis quand je prendrais le mot qu'il m'en pourrait dire deux ou trois et moi autant à lui ; qu'il me ferait un mauvais visage et que je ne montrerais aucune apparence de m'être raccommodé avec lui. Et que si j'avais quelque chose à lui faire dire, ce serait par l'organe de Thoiras, de Beaumont et du commandeur de Souvré. Au reste, dès que j'eus parlé au roi, je ne doutai plus de la ruine entière de la Vieuville ; cependant M. le connétable crut que celui-ci serait toujours assez puissant pour me faire mettre à la Bastille, car il avait dit qu'il avait une lettre d'un nommé le Doux, maître des requêtes qu'il montra, dans laquelle il lui mandait que, dans les papiers de Lopez, il avait trouvé qu'un certain Guadamecilles m'avait fourni quarante mille francs. Il était vrai qu'il eût trouvé dans son livre ces mots : *Al senor mareschal de Bassompier por Guadameciles* 40,000 *maravedis*, qui étaient deux cents écus pour des tapisseries de cuir doré, ainsi nommées en espagnol. Tous conclurent qu'il fallait savoir qui était ce Guadamecilles ; qu'il fallait le faire prendre, et ensuite moi, si c'était un banquier espagnol qui m'eût donné cet argent.

M. le connétable m'envoya quérir ; me pria d'aller hors de France, afin d'éviter ma ruine qui était certaine ; il m'offrit même dix mille écus si j'en avais besoin. Je le remerciai très-humblement de son avis et de son offre, et lui dis qu'il le devrait donner à la Vieuville qui serait ruiné dans un mois et non pas moi, l'assurant que j'étais aussi affermi que la Vieuville était chancelant. Néanmoins, le lendemain, il eut la puissance de faire chasser le colonel d'Ornano d'auprès de Monsieur, frère du roi. Ce qui fit que M. le connétable me pressa encore de nouveau de m'en aller ; mais je l'assurai encore de ma sûreté et de l'entière ruine de la Vieuville.

Sur ces entrefaites, le roi partit de Compiègne

et vint chasser proche de Monceaux, où était là reine-mère, en un lieu nommé Germiny. Là fut confirmée la résolution de la ruine de la Vieuville, dont le roi me fit donner avis par Thoiras. Deux jours après, étant en grande compagnie chez moi, le roi m'envoya dire que, sans faute, je fusse le lendemain de bonne heure à Saint-Germain, où il devait se rendre. Nous y allâmes, M. de Bellegarde et moi. Le roi nous fit bonne chère en arrivant, et comme il se promenait entre M. de Bellegarde et moi, la Vieuville arriva, fort étonné de me voir avec le roi, qui me quitta à l'heure même pour aller lui parler, et moi je vins saluer M. le maréchal de Vitry, qui était venu avec M. de la Vieuville. Il me dit qu'il était en peine de voir son beau-frère et moi aussi mal ensemble et qu'il voulait nous accommoder, auquel je répondis : « Comment m'y accommoderais-je à cette heure qu'il s'en va ruiné, puisque je ne l'ai pas voulu faire quand il avait la toute-puissance ? — Comment ruiné ? me dit-il. — Oui, ruiné, lui répondis-je ; et ne vous fiez jamais à moi si, dans quinze jours, il est surintendant des finances. » Sur cela le roi s'approcha de nous, et la Vieuville de son beau-frère, qui lui dit ce que je venais de lui dire, et lui aussitôt l'alla rapporter au roi, qui l'assura qu'il n'en était rien et que ce serait plutôt moi que lui. Le roi ensuite se fâcha de mon discours avec le maréchal de Vitry ; mais je lui dis qu'à un homme qui, depuis une année, m'avait fait tant de peine, ce serait trop peu qu'il ne sentît la sienne qu'à l'heure même qu'elle lui arriverait, et que je lui en voulais faire présent moi-même.

Cinq ou six jours après, le roi m'envoya quérir en son conseil et me dit, la Vieuville présent, qui en fut bien étonné, qu'il s'était soigneusement informé si les appointements qui m'étaient contestés, et qui étaient tenus en souffrance, m'appartenaient de droit ou non ; qu'il avait reconnu que je les devais avoir, et par conséquent me les rétablissait. Puis, s'adressant à la Vieuville, il lui dit : « Je veux que vous lui fassiez payer, et dès demain, ce qui lui est dû du passé, et le courant lorsqu'il échoira. » Il ne répondit pas un mot et fit seulement la révérence d'acquiescement.

La Vieuville vit alors qu'il était sur le penchant et dit au roi qu'il voulait se démettre de sa charge ; mais le roi lui donna de bonnes espérances. Deux jours après, je demandai au roi que, lorsque la Vieuville sortirait des finances, il me fût permis de le mettre en parlement, sur ce qu'il m'avait accusé à Sa Majesté d'être pensionnaire d'Espagne et qu'il plût à Sa Majesté de me donner acte de l'accusation qu'il lui en avait faite, afin de lui en faire faire telle réparation ou châtiment qu'il serait jugé par ladite cour. Mais le roi m'assura qu'il l'en châtierait assez lui-même en le chassant honteusement de ses affaires et le mettant en prison, mais que je n'en parlasse à personne.

Le lendemain, le roi alla l'après-dînée voir la reine sa mère à Rueil, et la Vieuville, ayant eu vent de ce qui se préparait contre lui, troussa bagage, et vint à Paris remettre dans les mains du roi sa charge de surintendant et la place qu'il occupait au conseil, lui disant qu'il ne voulait plus retourner à Saint-Germain. Le roi lui dit qu'il ne le devait point faire et qu'il ne se mît en peine de rien. Il lui promit aussi qu'il lui donnerait son congé de sa propre bouche et qu'il lui permettrait de venir prendre congé de lui quand cela serait, ce qui fit qu'il s'en retourna rassuré à Saint-Germain. Mais le soir, comme il se faisait un charivari en la cour pour un officier qui avait épousé une veuve et que tous les marmitons frappaient sur des poëles, Monsieur, frère du roi qui l'ouït, manda qu'il s'en vînt dans la cour du château le voir. Quand la Vieuville entendit ce bruit, il le prit pour lui et envoya dire à M. le cardinal de Richelieu qu'on venait l'assassiner. M. le cardinal monta en sa chambre et le rassura; mais le lendemain matin le roi l'ayant envoyé quérir en son conseil, il lui dit qu'ainsi qu'il le lui avait promis, il lui disait lui-même qu'il ne voulait plus se servir de lui et qu'il lui permettait de lui dire adieu. Puis, en sortant, M. de Termes le fit prisonnier, et peu après un carrosse et les mousquetaires du roi vinrent l'emmener au château d'Amboise, d'où il se sauva un an après.

Au mois de février 1625, M. le connétable et M. le maréchal de Créqui entrèrent en Italie avec douze mille hommes de pied et autant de chevaux, et s'étant joints à l'armée de M. de Savoie, qui était plus forte, ils étaient sur le point d'entrer au duché de Milan et d'ouvrir la guerre au roi d'Espagne, quand le roi leur manda de ne pas le faire, vu que les huguenots de France avaient pris les armes en un temps auquel, pour leurs intérêts particuliers, ils devaient moins le faire. Ce fut alors que M. le cardinal de Richechelieu dit au roi que tant qu'il aurait un parti dans son royaume, il ne pourrait jamais rien entreprendre au dehors; qu'il devait songer à l'exterminer avant de former d'autres desseins; qu'il fallait faire la guerre comme on l'a commencée pour la restitution de la Valteline, mais se garder de l'ouvrir avec l'Espagne; et que, puisque son armée était passée en Italie, il en pouvait assister M. de Savoie contre Gênes, mais ne point se déclarer contre Milan. Ce qui fut fait; et si M. de Savoie se fût avancé droit à Gênes, après la défaite des Génois à Ostange et la prise de Gavy, il l'eût infailliblement prise à Pâques. Mais, leur ayant donné loisir de se reconnaître et au duc de Féria de se mettre en campagne pour la secourir, joint aussi que les pillages ayent enrichi les soldats de la Ligue, une partie se débanda et l'autre tomba malade, ils commencèrent à songer à leur retraite, et le duc de Féria les suivant vers Asti, où il fut repoussé par les troupes françaises qui y étaient, vint assiéger Verué, en laquelle M. de Savoie et M. de Crequi firent une telle résistance, qu'ils y restèrent encore longtemps.

Sur ces entrefaites, le pape, indigné de ce que l'on avait reconquis la Valteline qui était en dépôt entre ses mains, et que l'on en avait chassé ses gens, envoya son neveu le cardinal Barberini, légat en France, tant pour en faire ses plaintes que pour traiter un accommodement aux troubles d'Italie. Il arriva au temps qu'on célébrait les noces du roi Charles d'Angleterre avec madame Elisabeth, fille du roi, il fut reçu avec les honneurs que l'on a accoutumé de rendre au légat; mais, après plusieurs conférences, n'ayant pas trouvé son compte, il vint à Fontainebleau prendre congé du roi, et aussitôt après, sans attendre qu'on lui rendît les devoirs accoutumés, il partit inopinément après avoir refusé le présent du roi qui envoya quérir les princes et officiers de sa couronne, avec quelques présidents de sa cour de parlement, et tint conseil à Fontainebleau sur ce départ, où il ne fut résolu aucune chose, sinon qu'on le laisserait aller.

Sur ces entrefaites, arriva à la cour la nouvelle que le baron de Papenheim, qui gardait Rive-de-Chiavenne avec son régiment d'Allemands, avait chassé les troupes du roi de Verceil et de campo les avait défaites, pris douze canons et onze barques armées que nous avions sur le lac de Côme : ce qui fâcha fort le roi et le conseil. Mais, peu de jours après, le marquis de Cœuvres envoya son secrétaire assurer que de Papenheim n'avait pas passé outre, et que les Vénitiens avaient envoyé, sous M. de Candales, des troupes suffisantes pour le repousser. Néanmoins, les serviteurs que le roi avait en Suisse lui mandaient que l'affection des peuples pour le roi était fort altérée ; que plus de vingt-cinq mille Allemands avaient un passage ouvert par la Suisse pour aller servir l'Espagnol en Italie, et que notre alliance en Suisse s'en allait, s'il n'y était promptement pourvu ; que le plus sûr remède était de m'y envoyer, et que par la bienveillance que les Suisses me portaient, je pourrais tout rétablir. Les Vénitiens et le duc de Savoie firent les mêmes démarches pour m'y faire envoyer. Le roi me força alors d'y aller comme son ambassadeur extraordinaire : ce que je fis par obéissance, et l'on assista mon ambassade de deux cent cinquante mille écus que j'y portai, pour favoriser ma négociation.

J'arrivai le mardi, 2 décembre à Besançon, où je fus visité par Messieurs de la ville, puis des chanoines, qui, à ma considération montrèrent extraordinairement le saint Suaire ; et après l'avoir vu j'allai coucher à Roleau, puis à Montbéliart et Porentruy ; le lundi, 8, j'entrai en

Suisse. Ceux de la ville de Bâle vinrent au-devant de moi et me firent une honorable entrée, avec quantité de canons et plus de dix mille hommes en armes en fort bel équipage. Le colonel Hessi avec une douzaine de capitaines, me vinrent trouver sur les confins de Suisse et ne m'abandonnèrent qu'à mon retour. Le sénat en corps me vint saluer et faire présent de poissons, de vin, d'avoine, le plus amplement qu'il se soit fait à personne. Puis quelques-uns du sénat demeurèrent à souper avec moi.

Le 9, je fus à l'Hôtel de ville, où ils étaient assemblés, saluer la république et les haranguer. Ils vinrent peu après me faire réponse, m'apporter un nouveau présent de vin et de poisson, puis dîner avec moi. Après dîner, ils me menèrent voir leur arsenal, le cabinet de Platerus, leurs églises et leurs fortifications.

Le 10, le sénat me vint dire adieu, puis dînèrent avec moi. De là, ils me firent accompagner, faisant encore tirer quantité de canons et salve d'infanterie : ce qui me fut aussi fait par tous les châteaux et villes devant ou dans lesquel j'ai passé en Suisse.

Le 25, jour de Noël, fut consacré aux dévotions ainsi que le premier jour de janvier auquel je communiai selon l'obligation que j'en ai, comme chevalier du Saint-Esprit. Partout où je passai, je fus salué par les députés des principales villes de la Suisse, tant des cantons protestants que des catholiques, qui m'apportèrent leurs déclarations en notre faveur. Je les traitai tous magnifiquement, leur faisant rembourser leurs dépens, et en me disant adieu, je leur fis donner une année de la pension de chaque canton, une année de la distribution de leurs dettes et une de leurs pensions particulières..

Le samedi 7 mars, toute la cour et les Seigneurs de Lorraine me vinrent dire adieu, et le comte de Brionne, qui m'avait fait ce jour-là festin, me conduisit en partant, en la même cérémonie qu'il avait fait à l'entrée. Mon frère vint avec moi jusqu'à la couchée, qui fut à Foug, et ce fut la dernière fois que je l'ai vu.

1626-1627. — Traité avec l'Espagne. — Affaire de Chalais. Bassompierre, ambassadeur à Londres. — Assemblée des notables. — Discussion sur la sépulture de Henri IV.

Je vins trouver le roi à Paris, qui me reçut extrêmement bien. Il me mena chez la reine sa mère, puis chez la reine sa femme, où les princesses étaient. Je trouvai à la cour M, le prince de Piémont, envoyé par le duc son père, pour échauffer le roi à faire l'année suivante une bonne et forte guerre en Italie. M. le maréchal de Créqui y était venu de la part de M. le connétable, à ce même dessein, et j'avais été convié par l'un et l'autre de me rendre au plus tôt près du roi, afin que tous trois nous puissions lui faire prendre une bonne résolution à ce sujet.

Je trouvai à mon arrivée les choses assez bien disposées. Le roi avait donné à M. le prince de Piémont la qualité de lieutenant général de son armée au delà des monts, avait promis un renfort de huit mille hommes de pied français, et de mille chevaux pour y grossir l'armée qu'il avait en Italie, à laquelle il voulait joindre les troupes qu'il avait en Valteline, qu'on pouvait aisément garder avec deux mille hommes après la confection des forts que l'on y faisait construire : il était décidé que moi avec deux mille Suisses, dont j'étais assuré, entrerais en même temps dans le duché de Milan : de sorte que nous voyions toutes choses préparées selon nos désirs, quand trois jours après mon arrivée, M. du Fargis envoya son secrétaire, avec un traité de paix avec le roi d'Espagne, ambigu, mal fait et honteux pour le roi, sans avoir eu précédemment ordre ni communication de Sa Majesté, non pas de le conclure, mais pas même de le préparer.

Il y avait en ce même temps un procureur de Saint-Marc, ambassadeur extraordinaire de la république de Venise, nommé Contarini de gli Mostachi, qui me dit, lorsque je le fus voir la veille que ce beau traité arriva, que l'ambassadeur de la république en Espagne lui avait écrit que l'on faisait un traité secret à Madrid entre la France et l'Espagne. Je me moquai avec lui de cet avis, l'assurant que cela ne pouvait être. Toutefois, dans le doute où cela me mit, ayant été rendre compte de ma négociation à M. le cardinal de Richelieu, je lui dis ce que le Contarini m'avait appris. Il me serra la main et me dit que je m'assurasse qu'il n'y avait aucune idée de traité, et que c'étaient des fourbes Espagnols, de faire courir ces bruits, pour nous mettre en jalousie avec nos alliés. J'étais résolu d'aller le lendemain visiter le Contarini, pour lui mettre sur cette affaire l'esprit en repos. Je vis le soir même M. le prince de Piémont, auquel je dis l'appréhension qu'avait l'ambassadeur Contarini, laquelle j'avais fait savoir à M. le cardinal de Richelieu, et la réponse qu'il m'avait faite. M. le prince me répondit que les Vénitiens étaient gens spéculatifs et soupçonneux, qui débitaient leurs songes pour bonnes nouvelles, et qu'ils m'avaient présentée celle-là plutôt par prévention que par aucune connaissance qu'ils en eussent. Que pour lui il était très-assuré qu'il ne se traitait rien au préjudice de la ligue ni de nos projets.

Sur cela, j'allai chez la reine, où je trouvai M. le maréchal de Créqui; vers neuf heures du soir le roi nous envoya quérir tous deux, pour le venir trouver au cabinet de la reine-mère, où il était avec elle, M. de Schomberg et M. d'Harbaut. Il nous commanda de nous asseoir au conseil et nous déclara qu'il venait de recevoir le traité fait à son insu par son ambassadeur du Fargis, dont il nous fit faire la lecture par M. d'Harbaut. Nous le trouvâmes si mal conçu, si mal raisonné, si honteux pour la France, si contraire à la ligue, et si dommageable aux Grisons, que bien qu'au commencement nous nous fussions persuadés que ce fût par l'ordre du roi qu'il eût été fait, mais qu'il voulait, pour apaiser ses alliés, montrer qu'il n'en savait rien ; nous crûmes effectivement qu'il avait été conclu sans son ordre. Ce fut ce qui nous obligea de dissuader le roi de l'accepter et ratifier comme il avait fait de celui d'Ocaigne, fagoté par le même, ni celui de Rome fait par le commandeur de Silery. M. le cardinal de Richelieu était indisposé au petit Luxembourg. Le roi commanda à nous trois maréchaux, et à M. d'Harbaut secrétaire d'état, de l'aller trouver le lendemain matin et cependant de n'en point parler à M. le prince de Piémont, de conférer avec M. le cardinal qui l'après-diner viendrait au conseil chez la reine-mère, où le roi nous commanda de nous trouver. J'avoue que je ne fus jamais plus animé de parler contre aucune chose que contre cet infâme traité, et que j'avais tellement l'esprit échauffé, que je fus plus de deux heures dans le lit sans pouvoir m'endormir, projetant une quantité de raisons que je voulais le lendemain produire au conseil, contre cette affaire. Mais comme je me levai le lendemain plus rassis, je considérai que ce n'était pas mon affaire, mais celle du roi ; qu'en vain je m'en tourmentais si le roi la voulait ratifier ; que j'étais incertain si le roi n'avait point donné les mains à M. du Fargis pour la pêtrir, que peut-être la reine-mère, qui voulait mettre la paix entre ses enfants, l'avait procurée; peut-être M. le cardinal, qui avait vu des brouilleries naissantes dans l'état, avait voulu cette paix au dehors; que je ne devais pas pénétrer plus avant, et qu'il me pouvait nuire de me déclarer trop ; qu'il vaudrait mieux retenir mon ardeur pour quelque temps, laissant lever le lièvre par un autre ; que je serais toujours en état de le courre et de le prendre ensuite.

Ces raisons et plusieurs autres retinrent mon inclination portée à me faire ouïr; et étant allé chez M. le cardinal, selon l'ordre que nous en avions, j'écoutai plus que je ne parlai. Ce que je fis d'autant plus volontiers, que je trouvai M. le cardinal fort retenu et ne s'ouvrant guère, blâmant seulement la légèreté, précipitation et peu de jugement de M. du Fargis, qui méritait une capitale punition d'avoir osé sans ordre du roi, entreprendre une chose de telle conséquence. Après dîner, il vint au conseil où nous nous trouvâmes avec M. le garde des sceaux; je remarquai que chacun s'amusa plus à blâmer l'ouvrier qu'à démolir l'ouvrage ; que l'on parla peu du traité, beaucoup du contractant, et qu'il fut plus discouru des moyens qu'il y aurait d'y ajouter quelque chose pour le rendre moins mauvais, qu'il ne fut proposé de le désavouer pour le rompre : ce qui me fit juger que l'on eût bien désiré qu'il fût meilleur, mais que l'on ne voulait pas qu'il n'y en eût point du tout.

Cela fut cause que je me retirai entièrement de l'affaire, et me mis à faire mon jubilé sur la fin du carême. Cependant on tâcha d'apaiser le mieux que l'on put les intéressés. M. le prince de Piémont et M. de Contarini se retirèrent. On tâcha d'ajouter quelque chose au traité, d'en éclaircir d'autres et de les ratifier. Ce que l'on fit à mon avis, d'abord pour donner la paix à la chrétienté, qui s'allait jeter dans une cruelle guerre, et ensuite donner ordre à certaines intrigues qui se faisaient au dedans avec Monsieur, frère du roi, en apparence pour troubler le mariage projeté entre mademoiselle de Montpensier et lui, et en effet, pour brouiller et troubler l'État, et mettre les deux frères en division.

Le roi, qui ne prévoyait que trop les embarras, avait tâché de tirer à lui le colonel d'Ornano, qui avait tout pouvoir sur l'esprit de M. son frère, et qui ouvrit l'oreille à plusieurs propositions que le roi n'agréait pas. Il lui avait donné un office de maréchal de France. On avait ensuite fait la paix avec les huguenots, pour n'avoir pas tant à la fois de quenouilles à filer. Finalement, au commencement de mai, le roi étant à Fontainebleau, pour retirer M. son frère de toutes intrigues, le mit de son conseil secret. Le maréchal d'Ornano fit ses plaintes de ce que le roi ne lui en avait pas précédemment parlé, ce que l'on faisait pour le décréditer ; puis demanda d'en être, et enfin qu'il y pût accompagner M. son maître, demeurant debout comme les secrétaires d'Etat : ce qui lui ayant été refusé, il déclara ouvertement son mécontentement. Les dames de la cour étaient fort mêlées dans ces intrigues ; les unes en haine de la maison de Guise, qu'elles voyaient s'agrandir par la prochaine alliance de Monsieur ; les autres en haine de mademoiselle de Montpensier, et les autres pour l'intérêt du mariage de Monsieur. Le maréchal d'Ornano était en parfaite intelligence avec toutes : ce qu'il faisait d'autant plus assurément, qu'il croyait que l'intention du roi était conjointe à leurs desseins ; vu que Sa Majesté lui avait commandé l'année précédente, qu'il eût à rompre les pratiques trop ouvertes que l'on faisait pour ce mariage, et à en détourner les fréquentes entrevues.

Le 5 mai, vers six heures du matin, étant à Paris, Bonnevent me vint trouver et me dit que le roi l'avait envoyé la nuit pour m'avertir qu'il avait fait arrêter le maréchal d'Ornano, et que je ne manquasse pas de revenir le jour même à Fontainebleau, ce que je fis. Monsieur s'était fort offensé de cette prise, et était venu en faire de grandes plaintes au roi. Il s'adressa premièrement à M. le chancelier, lui demandant si c'était par son avis que l'on eût pris le maréchal d'Ornano ; il lui dit qu'il n'en savait rien. Il fit ensuite la même demande à M. le cardinal, qui lui avoua que M. le chancelier et lui l'avaient conseillé au roi, sur les choses que Sa Majesté leur avait dites. La réponse du chancelier fut cause qu'on lui ôta les sceaux.

On fit en même temps arrêter ses deux frères, Masargues et Ornano, comme aussi Chandebonne, Modène et Déageant, que l'on mit à la Bastille, et l'on commanda au chevalier de Jars et à Boyer de sortir de la cour. On mena le lendemain le maréchal au bois de Vincennes, et Monsieur continua ses plaintes.

Peu de jours après, il courut un bruit que l'on avait tenu un conseil de neuf personnes, l'une desquelles l'avait décélé, où l'on avait résolu de tuer M. le cardinal dans Fleury. M. de Chalais le confia au commandeur de Valençay, qui lui reprocha sa trahison, étant domestique du roi, d'oser entreprendre sur son premier ministre ; qu'il l'en devait avertir, et qu'en cas qu'il ne voulût le faire, lui-même le déclarerait. Chalais, intimidé, y consentit, et tous deux partirent à l'heure même pour aller à Fleury en avertir M. le cardinal, qui les remercia, et les pria d'aller porter ce même avis au roi, ce qu'ils firent ; et le roi, à onze heures du soir, envoya commander à trente de ses gendarmes et autant de chevau-légers d'aller à l'heure même à Fleury. La reine-mère y dépêcha toute sa noblesse. Il arriva comme Chalais avait dit, que, sur les trois heures du matin, les officiers de Monsieur arrivèrent à Fleury, envoyés pour lui apprêter son dîner. M. le cardinal leur céda le logis, et vint à

Fontainebleau, droit à la chambre de Monsieur qui se levait, et qui fut assez étonné de le voir. Il reprocha à Monsieur de ne lui avoir pas fait l'honneur de lui demander à dîner : ce qu'il eût fait le mieux qu'il eût pu, et qu'il avait à la même heure résigné la maison à ses gens. Ensuite, lui ayant donné sa chemise, il s'en vint trouver le roi, puis la reine-mère ; de là s'en alla à la Maison-Rouge, jusqu'à ce que le roi revînt à Paris. On ne pouvait imaginer d'où était venue la déclaration de ce conseil, jusqu'à ce que, la cour étant revenue à Paris, Chalais confessât à la reine et à madame de Chevreuse, que la crainte d'être déclaré par le commandeur de Valençay, auquel il s'était confié, et la menace qu'il lui fit d'avertir le cardinal, l'avait porté à faire cela ; mais qu'à l'avenir il serait fidèle.

Cependant le grand-prieur, qui était de la partie, voyant l'affaire découverte, voulut tirer son épingle du jeu et vint dire de belles paroles à M. le cardinal, le priant de le faire parvenir à l'amirauté de France, où il prétendait. M. le cardinal feignit de lui avoir procuré cette charge et lui dit d'aller en Bretagne faire venir M. de Vendôme pour en remercier le roi, qui cependant s'en fut à Blois et M. le cardinal alla à Limours, où M. le Prince vint le trouver le jour de la Pentecôte. Il se raccommoda, en apparence, avec M. le cardinal, mais conserva toujours sa secrète intelligence avec la cabale. Il avait parole de madame de Villars, par le moyen de M. le grand-prieur, qu'elle lui livrerait le Havre pour se retirer. Balagny, d'autre côté, s'était fait fort de lui mettre Laon en main, et il avait quelque espérance d'avoir Metz à sa dévotion. Il voulut savoir de M. de Villars s'il se pouvait assurer de sa place, lequel la refusa aussitôt et dit que sa femme n'y avait nul pouvoir.

Cependant les dames et les partisans pressaient Monsieur de se retirer de la cour ; à quoi il fut encore excité quand il vit que MM. de Vendôme et grand-prieur frères, étant arrivés à Blois, y avaient été faits prisonniers et menés en sûre garde dans le château d'Amboise ; ce qui l'affligea fort et M. le comte aussi, auquel, en même temps, on fit un mauvais office d'avertir le roi qu'il voulait enlever mademoiselle de Montpensier, qui était demeurée à Paris, où le roi avait laissé M. le comte avec un ample pouvoir pour commander en son absence. Sa Majesté envoya en diligence le sieur de Fontenay à Paris, pour faire venir madame de Montpensier à Blois ou à Nantes, si le roi y était déjà allé.

Arrivé à Nantes, il fit mettre Chalais en prison et lui fit faire son procès. Il fut condamné à mort. Monsieur fut sur le point de partir; mais en même temps il eut réponse de M. de la Vallette, qui était à Metz, que si M. d'Epernon se déclarait pour lui il s'y déclarerait aussi ; sinon, non. Monsieur avait écrit à M. d'Epernon, qui envoya la lettre au roi. En cette extrémité, le meilleur fut de s'accommoder avec le roi, ce que le Coigneux pratiqua ; et madame de Guise étant arrivée, la reine mère pressa et fit le mariage de Monsieur et de mademoiselle de Montpensier. Le roi lui donna son apanage selon son consentement. Après les fiançailles, le roi parlant à Monsieur son frère et à moi, lui dit ces propres mots : *Mon frère, je vous dis devant le maréchal de Bassompierre, qui vous aime bien et qui est mon bon et fidèle serviteur, que je n'ai en ma vie fait chose tant à mon gré que votre mariage.* Monsieur, ensuite me mena promener et me dit : « Bestein, tu me verras à cette heure sans crainte, puisque je suis bien avec le roi. »

Je lui dis : « Monsieur, vous avez pu juger que je n'en faisais point de scrupule, puisque je vous fus trouver après que le maréchal d'Ornano fut pris, avant même que j'eusse vu le roi, lequel a tant de preuves de ma fidélité, que je n'ai à craindre, ni lui aussi de ce côté là : je me suis retiré de vous lorsque vous avez dit à la reine votre mère que l'on voulait mettre M. de Bellegarde ou moi auprès de vous, et que vous n'en vouliez point, afin de vous faire voir que je ne courais pas après le bénéfice. »

Il me dit alors, qu'il serait bien aise que je fusse auprès de lui, et que je fisse auprès du roi qu'il m'y mît. A cela je répondis que quand le roi me donnerait cent mille écus par an, pour être auprès de lui, je les refuserais, parce qu'il faudait tromper l'un ou l'autre et que je ne m'entendais point à cela.

La cour partit de Nantes pour revenir à Paris. Le roi d'Angleterre envoya Montaigu pour se réjouir des noces de Monsieur, tant avec lui et Madame, qu'avec le roi et les reines. Mais, il eut ordre de s'en retourner : et moi je fus pressé de partir pour l'Angleterre, en qualité d'ambassadeur.

Le 7, je m'embarquai sur la Tamise, le comte de Dorset vint me recevoir de la part du roi, et m'ayant fait entrer dans la berge royale, m'amena jusque proche de la Tour de Londres, où les carrosses du roi m'attendaient, qui m'emmenèrent en mon logis. Je ne fus ni logé ni défrayé par le roi, et à peine put-on envoyer ce comte, selon la coutume ordinaire pour me recevoir. Je ne laissai pas pour cela d'être bien logé, meublé et accommodé. Le soir même, après soupé, on fit dire au chevalier de Jars, qui avait soupé avec moi, que quelqu'un le demandait. C'étaient le duc de Buckingham et Montaigu, qui seuls étaient venus me voir sans flambeaux, et le prièrent de les faire entrer en ma chambre par quelque porte secrète, ce qu'il fit, puis me vint quérir.

Il me fit d'abord force plaintes de la France, puis de moi aussi, auxquelles je répondis le mieux que je pus, et puis fis celles de la France contre l'Angleterre, qu'il excusa aussi le mieux qu'il put, et ensuite me promit toute sorte d'assistance et d'amitié : comme je fis aussi offre bien ample de mon service. Il me pria de ne point dire qu'il me fût venu voir, parce qu'il l'avait fait à l'insu du roi : ce que je ne crus pas.

Un matin, le sieur Louis Lucnar vint me trouver de la part du roi, pour me donner l'ordre de renvoyer en France le P. Sancy, de l'Oratoire, que j'avais amené avec moi. J'en fis un absolu refus, disant qu'il était mon confesseur et que le roi n'avait rien à voir à mon train ; que s'il ne m'avait pas pour agréable, je sortirais de son royaume, et retournerais trouver mon maître. Peu après, le duc de Buckingham, les comtes de Dorset et de Salisbury vinrent diner chez moi, je leur en fis mes plaintes. Après dîner, le comte de Montgommery, grand chambellan, vint me visiter et presser de la part du roi de renvoyer le P. Sancy, à qui je fis la même réponse.

Le dimanche, M. le comte de Carlile vint me trouver avec les carrosses du roi pour me mener à Hamptoncourt, dans une salle où il y avait une belle collation. Le duc de Buckingham me vint trouver pour me mener à l'audience et me dit que le roi ne voulait pas que je lui parlasse d'aucune affaire, qu'autrement il ne me donnerait pas audience. Je lui dis que le roi saurait ce que j'avais à lui dire par ma bouche propre, et que l'on ne limitait point ce qu'un ambassadeur avait à représenter au prince vers lequel il était envoyé, et que s'il ne me voulait voir que j'étais prêt à m'en retourner. Il me jura que la seule cause qui l'obligeait à cela et qui l'y faisait opiniâtrer, était qu'il ne pourrait s'empêcher de se mettre en colère, en traitant des affaires dont j'avais à lui parler : ce qui ne serait pas bienséant du haut du dais, à la vue des principaux du royaume, hommes et femmes (1); que la reine sa femme qui était auprès de lui, animée du licenciement de ses domestiques, pourrait faire quelque extravagance et pleurer à la vue de chacun ; qu'il ne voulait point se compromettre devant le monde, et qu'il était plûtôt résolu de rompre cette audience et de me la donner particulière, que de traiter d'aucune affaire devant le monde avec moi. Il me fit de grands serments qu'il me disait la vérité et qu'il n'avait pu porter le roi à me voir autrement, me priant même de lui donner quelque expédient, et que je l'obligerais. Moi, qui vis que j'allais recevoir un affront, lui dis que je ne pouvais faire autre chose que ce qui m'était commandé par le roi mon maître ; mais que puisque, comme mon ami, il me demandait mon avis sur quelque expédient, je lui disais qu'il dépendait du roi de me donner ou ôter, accourcir ou prolonger l'audience, en la forme qu'il voudrait, et qu'il pourrait, après

(1) Ce roi si emporté, au dire de notre chroniqueur, était Jacques Ier, fils de Marie Stuart et père de l'infortuné Charles Ier.

m'avoir permis de lui faire la révérence et reçu, avec les lettres du roi, les premiers compliments, me dire : « Monsieur l'ambassadeur, vous venez de Londres et avez à y retourner : il est tard, et cette affaire requiert plus long temps que celui que je vous pourrais maintenant donner ; je vous enverrai quérir un de ces jours à meilleure heure, et en une audience particulière nous en conférerons à loisir. Cependant je me contente de vous avoir vu et eu des nouvelles du roi mon beau-frère et de la reine ma belle-mère, et ne veux plus retarder l'impatience que la reine ma femme a d'en apprendre par votre bouche. » Sur quoi je prendrai congé de lui pour aller faire la révérence à la reine. — Après que je lui eus dit cela, le duc m'embrassa et me dit : « Vous en savez plus que nous. Je vous ai offert mon assistance aux affaires que vous venez traiter, mais maintenant je retire la parole que je vous ai donnée, car sans moi vous le saurez bien faire. » Et il me quitta en riant pour aller porter cet expédient au roi, qui le reçut et en usa ponctuellement.

Le duc revint pour m'amener à l'audience, et le comte de Carlile marchait derrière lui. Je trouvai le roi sur un théâtre élevé de deux degrés, la reine et lui sur deux chaises, qui se levèrent à la première révérence que je leur fis en entrant. La compagnie était superbe, et l'ordre exquis. Je fis mon compliment au roi, lui donnai mes lettres, et après lui avoir dit les honnêtes paroles, comme je vins aux essentielles, il m'interrompit en la même forme que j'avais proposée au duc. Je vis delà la reine, à laquelle je dis peu de chose parce qu'elle me dit que le roi lui avait permis d'aller à Londres, où elle me verrait à loisir. Puis je me retirai, les ducs et les principaux seigneurs me vinrent conduire jusqu'à mon carrosse. Comme le duc m'entretenait, le secrétaire arriva et me dit que le roi me mandait, qu'encore qu'il m'eût promis une audience particulière, il ne m'en donnerait point, jusqu'à ce que j'eusse renvoyé le P. Sancy en France, comme il me l'avait déjà fait dire par trois fois. Je lui répondis que si c'eût été de mon devoir ou de la bienséance de lui obéir, je l'eusse fait dès le premier commandement, et que je n'avais aucune réponse à lui faire, que les précédentes, dont je pensais qu'il dût être satisfait, et que Sa Majesté devait se contenter du respect que je lui rendais, de tenir enfermé dans mon logis quelqu'un qui n'est ni criminel, ni condamné, ni accusé ; qu'il restera dans ma maison, tant que j'y serai, et n'en partira qu'avec moi ; ce que je ferai dès demain, s'il me l'ordonne ; et s'il ne me veut point donner audience, j'enverrai savoir du roi mon maître ce qu'il lui plaît que je fasse ; après ce refus lequel ne me laissera pas à mon avis vieillir en Angleterre, en attendant que le roi ait la fantaisie, ou prenne le loisir de m'ouïr. Ce que je dis assez haut, et aucunement ému, afin que les assistants me pussent entendre, et j'en témoignai ensuite plus de ressentiment au duc, que je priai de ne plus parler de cette affaire; que si l'on me voulait donner ordre de sortir de l'Angleterre, je le recevrais avec joie. Sur ce, je me séparai de la compagnie avec le comte de Carlisle et Montaigu, qui me ramenèrent à Londres, et demeurèrent à souper avec moi.

Finalement, Montaigu vint me dire de la part du duc que, bien que je retinsse près de moi le Père Sancy, le roi me donnerait audience le lendemain, le comte de Brits-Water me vint mener avec les carrosses du roi à Hamptoncourt. Puis le duc me mena dans une galerie où m'attendait le roi qui me donna une longue audience et bien contestée. Il se mit fort en colère; et moi, sans perdre le respect, je lui répondis de telle sorte, qu'enfin lui cédant quelque chose il m'en accorda beaucoup. Je vis là une grande hardiesse, pour ne pas dire effronterie du duc de Buckingham; lorsqu'il nous vit échauffés, il se vint mettre en tiers entre le roi et moi, disant: « Je viens faire le hola entre vous deux. » Lors j'ôtai mon chapeau, et tant qu'il fut avec nous, je ne le voulus remettre quelque instance que le roi et lui m'en fissent; puis, quand il se fut retiré, je le remis sans que le roi me le dît. Quand j'eus achevé et que le duc put parler à moi, il me dit pourquoi je n'avais pas voulu me couvrir, lui y étant et que lui n'y étant pas je m'étais si franchement couvert. Je lui répondis que je l'avais fait pour lui faire honneur dont il me sut bon gré. Mais j'avais encore une autre raison qui était, que ce n'était plus audience, mais conversation particulière, puisqu'il l'avait interrompue, se mettant en tiers. Après l'audience, le roi me mena chez la reine, où il me laissa.

Le 6 novembre, le secrétaire Couwai me vint appeler pour aller au conseil. Il me donna par écrit, et ensuite fit lire la réponse à mes réclamations. Je répliquai avec véhémence et mieux, à mon gré, que je ne parlai de ma vie. Ma réponse dura plus d'une heure. Puis, étant sorti, j'allai trouver la reine pour lui montrer la belle réponse qu'ils m'avaient donnée, et lui dis en substance ce que j'y avais répondu et protesté; ce qui l'obligeà fort. Le soir même, le duc m'envoya dire que tous ceux du conseil qui parlaient ou entendaient le français me viendraient trouver le lendemain matin, et que j'eusse espérance d'une conclusion bonne; car le roi leur dit que son intention était de satisfaire le roi son frère et de me renvoyer content.

Le lendemain, le comte de Dorset me vint trouver dès sept heures du matin, pour me dire que j'aurais contentement; que le conseil viendrait me trouver, et qu'il ne tiendrait qu'à moi que tout n'allât bien. Il me trouva en mauvais état, car je n'avais plus de voix, et à peine pouvait-on m'entendre, quelque effort que je fisse. Peu après le duc et le conseil arrivèrent, et nous étant assis, M. Carleton fit replique sur ma réponse, et enfin protesta, en la même façon que j'avais fait, du mal qui pourrait arriver de notre rupture: offrant néanmoins, si nous pouvions trouver ensemble quelque moyen d'accommodement, que le roi l'aurait très agréable. A quoi ensuite nous travaillâmes, sans beaucoup de peine; car ils furent raisonnables, et moi modéré en mes demandes. La plus grande difficulté fut le rétablissement des prêtres catholiques, dont enfin nous convînmes.

Le lendemain 9, c'était l'élection du maire; je vins le matin, à Sommerset, trouver la reine qui y était venue pour le voir sur la Tamise allant à Westminster prêter le serment en magnifique apparat de bateaux. Puis, la reine dîna, se mit en carrosse et me fit mettre avec elle. M. le duc de Buckingham s'y mit aussi, par son commandement, et nous allâmes en la rue de Cheapside pour voir passer la cérémonie, qui est la plus grande qui se fasse en la réception d'aucun officier du monde. Ensuite, le duc me mena dîner chez le nouveau maire, qui en donna ce jour-là à plus de huit cents personnes.

Le jeudi 12, je fus chez milord Carleton, qui était chargé d'expédier mes dépêches. De là je fus voir le roi. Le comte de Carlisle m'envoya six beaux chevaux. Je fus pour voir le Stuart, comte de Pembroc, et le secrétaire Couwai; et ne les ayant pas trouvés, je vins chez la reine, où le roi arriva; ils se brouillèrent ensemble, et moi ensuite avec la reine, et lui dis que je prendrais le lendemain congé du roi pour m'en retourner en France, sans achever leurs affaires, et dirais au roi et à la reine sa mère qu'il tenait à elle. Comme je fus de retour en mon logis, le P. Sancy, à qui elle avait écrit de notre brouillerie, vint pour la raccommoder avec tant d'impatience, que je me mis fort en colère contre lui.

Le comte Carlisle vint me trouver pour me raccommoder avec la reine; puis le secrétaire Couwai avec le milord Carleton vinrent aussi, comme commissaires du roi, conclure et finir nos affaires. Je fus ensuite trouver le duc de Buckingham en sa maison de Jorckau, qui me pria à souper le lendemain chez lui avec le roi.

Après souper, on nous mena en une autre salle où était l'assemblée; on y entrait par un tour, comme aux monastères, sans aucune confusion. De là, on nous conduisit dans des appartements voûtés, où il y avait cinq diverses collations.

Le 28, je portai au secrétaire le rôle des prêtres prisonniers, que le roi délivra tous en ma considération (c'étaient des prêtres catholiques persécutés par les protestants).

Enfin, le dimanche 29, le comte de Carlisle et Lucnar me vinrent prendre, avec les carrosses du roi, pour m'amener prendre congé de Leurs Majestés, qui me donnèrent audience publique. Je revins avec lui dans la chambre du lit, où il me fit entrer, puis je fus souper dans la chambre du comte de Carlisle, qui me traita magnifiquement. Lucnar me vint apporter de la part du roi un très-riche présent de quarante diamants mis en losange et une grosse pierre au bout, et le même soir le roi m'envoya encore quérir pour me faire voir une comédie.

Le samedi 5 décembre, j'arrivai à Douvres avec un équipage de quatre cents personnes qui passaient avec moi, y compris soixante-dix prêtres que j'avais délivrés des prisons d'Angleterre. Je voulus défrayer tous ceux qui passaient avec avec moi en France, croyant que le même jour que j'arriverais à Douvres je pourrais m'embarquer; mais la tempête me retint quatorze jours, ce qui me coûta quatorze mille écus. J'arrivai à Douvres pour dîner, et fis embarquer mon équipage, pensant passer la mer, mais elle fut contraire.

Le 9, nous nous embarquâmes, à deux heures après minuit; mais la tempête nous accueillit de telle sorte, que nous fûmes portés vers Dieppe, puis contraints de revenir prendre terre proche de Douvres, où nous retournâmes. Je trouvai, à mon retour, que mon train en était parti; mais il courut une telle fortune, que de cinq jours il ne put arriver à Calais et qu'il fallut jeter mes deux carrosses dans la mer, dans lesquels il y avait, par malheur pour plus de quarante mille francs de hardes que j'avais achetées en Angleterre pour donner. J'y perdis de plus vingt-neuf chevaux, qui moururent de soif durant ces cinq jours, parce que l'on n'avait fait aucune provision d'eau douce pour la traversée, qui ne dure que trois heures en bon temps.

Il me fut impossible de m'embarquer avant le 18 ; je me mis sur mer par un grand vent et vins dîner à Calais, où je demeurai le reste du jour pour me remettre du mal de mer. Le lendemain, j'en partis en poste et vins à Amiens, où M. de Chaulnes me fit une réception magnifique, faisant tirer le canon de la citadelle, et me fit un festin avec vingt dames, puis me logea superbement. Il me retint encore le lendemain 21, et je ne vins au gîte qu'à Louvres, à cause des compliments qui me retardèrent.

Le mardi 22, j'arrivai à Paris. Je trouvai le duc d'Aluin et Liancourt bannis de la cour, et Baradas, non-seulement défavorisé, mais chassé, ruiné, et que l'on avait mis en sa place, proche du roi, un garçon d'assez piètre mine et de pire esprit nommé Saint-Simon (1).

Les choses étaient en cet état, lorsque nous entrâmes en l'année 1627, au commencement de

(1) Baradas avait succédé, auprès du cardinal de Richelieu, à l'ancienne faveur de Chalais ; mais, devenu suspect à son tour, il dut céder la place à Saint-Simon.

laquelle le roi fit tenir une assemblée de notables en laquelle il me choisit pour l'un des présidents. Monsieur, frère du roi, fut le chef, et ensuite M. le cardinal de la Valette, le maréchal de la Force et moi. L'assemblée était, outre cela, composée des premiers et seconds présidents de Paris, des premiers présidents des huit autres parlements, des procureurs généraux, des premiers et seconds présidents des chambres des comptes de Paris, de Rouen et de Bourgogne, avec leurs procureurs généraux, des mêmes des trois cours des aides et du lieutenant civil de Paris, de douze seigneurs, savoir six chevaliers de l'ordre, six du conseil du roi; de douze primats, archevêques ou évêques. L'assemblée tint plus de deux mois; ensuite, nous vînmes donner les cahiers des avis que le roi nous avait fait proposer, qui furent signés de Monsieur, de M. le maréchal de la Force et de moi. Il m'arriva peu d'occasions de parler, parce que j'étais l'avant-dernier à dire mon avis, et tout ce qui se pouvait dire sur ce sujet avait déjà été dit par tant de grands personnages, hormis une fois, que nous étant proposé si le roi cesserait ses bâtiments jusqu'en une meilleure saison et que ses finances fussent en meilleur état, M. d'Osembray fut d'avis que l'on devait le conseiller au roi, mais qu'il devait être très-humblement supplié de faire faire la sépulture du feu roi son père, décédé et non inhumé depuis seize ans, et offrit son bien pour l'y employer si les finances manquaient. Chacun suivit cet avis et loua grandement cette sainte pensée du président d'Osembray, et l'opinion uniforme vint jusqu'à moi, qui parlai en ces termes :

« Messieurs, les propositions que le roi nous a envoyées pour lui en donner avis, et les réponses que nous lui avons faites, ont une si grande conformité, qu'aucune n'a été contrariée. Sa Majesté nous a consultés s'il fera démolir les places qui sont dans le cœur du royaume ; s'il retranchera ses garnisons ; s'il abolira ses survivances, et ainsi du reste. Ce qui m'a fait soupçonner que cette dernière proposition qu'elle nous a fait faire sur le retranchement des dépenses qu'il fait en ses bâtiments n'a été faite à autre fin que pour reconnaître si nous n'avons point d'autre ton que celui qu'il chante ; car autrement il n'y a point d'apparence de nous consulter, s'il cessera de faire une chose qu'il ne fait pas. Le feu roi nous eût pu demander cet avis, car il a employé des sommes immenses à bâtir. Nous pouvons voir en celui-ci la qualité de destructeur, mais non celle d'édificateur. Saint-Jean-d'Angély, Clérac, Tonnains, Montheur, Nègrepelisse, Saint-Antonin, et tant d'autres places rasées ou brûlées, me rendent preuve de l'un ; et le lieu où nous sommes, auquel depuis le décès du feu roi son père il n'a pas ajouté une seule pierre, et la suspension qu'il a faite depuis seize années à l'achèvement de ses autres bâtiments commencés, me font voir clairement que son inclination n'est point portée à bâtir et que ses finances ne seront point épuisées par ses somptueux édifices, si ce n'est qu'on lui veuille reprocher le chétif château de Versailles (1), de la construction duquel un simple gentilhomme ne voudrait pas prendre vanité.

» Quant à ce qui concerne la sépulture du feu roi, je voudrais pouvoir enchérir sur les louanges qu'on a données à M. le président d'Osembray, né pour le bien de la France, digne du nom qu'il porte et de la gloire de ses prédécesseurs. Il m'a semblé, quand il a si noblement offert ses biens pour subvenir à la construction du tombeau du feu roi, que son cœur et ses désirs accompagnaient sa bouche, tant il a montré de zèle et de reconnaissance à la mémoire de ce bon et grand roi. Mais, comme je suis de l'avis commun, du gré que la compagnie lui sait de ses bonnes intentions, je contrarie le sien en la très-humble prière qu'il veut que nous fassions à Sa Majesté de faire édifier la sépulture du roi son père et de le faire ressouvenir de ce devoir, à quoi la nature l'oblige. Plusieurs de cette compagnie se rappelleront, comme moi, qu'après que la reine

(1) Versailles alors n'était qu'un petit rendez-vous de chasse au milieu des bois. La construction de Louis XIII était en briques et se voit encore du côté de la chapelle. Elle fut respectée par Louis XIV.

régente eut essuyé ses premières larmes, causées par la mort de cet incomparable roi, un de ses principaux soins fut de construire, sur les cendres de son seigneur et mari, un mausolée digne de cette grande Arthémise. Elle envoya en Italie pour en tirer des dessins des plus fameux ouvriers, et même fit venir quelques architectes en France ; mais aucun des dessins qu'on lui présenta ne put égaler son désir ni la dépense qu'elle y destinait. Elle n'y eût pas épargné une grande somme des finances du roi, dont elle disposait comme régente, puisque, de ses deniers propres, elle a employé trente mille écus pour ériger en bronze, sur le Pont-Neuf, sa statue à cheval.

» Monseigneur, qui préside cette assemblée, et M. le cardinal de la Valette, ont vu comme moi les différents modèles de cette sépulture, faits par le commandement du roi, qui n'ont jamais eu l'entière approbation et que l'espérance a fait rejeter : ce qui doit vous faire croire que Sa Majesté ni la reine sa mère n'ont manqué de soin, ni de volonté, ni de moyens, pour faire cette œuvre, mais d'ouvriers et d'invention ; et que l'avis que vous pensez lui donner est un reproche indigne de la piété de l'un et de l'affection de l'autre, que des serviteurs ne doivent pas même penser de faire à leur maître, ce qui infailliblement et avec juste raison serait fort mal reçu. »

A peine eus-je achevé de donner mon avis, que plus de soixante notables y revinrent ; il fut approuvé par toute l'assemblée, qui me remercia de ce que j'avais sagement prévu un inconvénient auquel, sans moi, ils allaient tomber par inadvertance. J'eus encore, une autre fois, lieu de parler contre un avis unanime donné au roi, de défendre à ses sujets de visiter aucun ambassadeur, à l'exception des prélats, qui voulaient que le nonce du Pape ne fût compris en ce nombre, prouvant par de vives raisons que l'on ne devait point faire cette défense.

En ce même temps, Bouteville, selon sa coutume, se battit contre la Frette, qui eut avantage sur lui, son second ayant tué Bachoyé, qui était le sien, après le renouvellement de l'édit des duels: ce qui offensa tellement le roi, qu'il m'écrivit une nuit, de sa main, d'envoyer trois compagnies de Suisses, avec son grand-prévôt, pour l'investir en sa maison de Persy, où l'on avait dit au roi qu'il s'était retiré. Mais il s'était en allé en Lorraine, d'où il revint, après Pâques, pour se battre au milieu de la place Royale contre le jeune Beuvron; son second, le comte des Chapelles, tua aussi Bussy d'Amboise, qui en servait à Beuvron. Ils s'en vinrent coucher à Vitry, dont Bussy d'Amboise était gouverneur, et la mère du mort, qui avait envoyé après eux un de ses gens, les fit arrêter. Ils furent menés par M. de Gordes, capitaine des gardes du corps, que le roi y envoya avec quelques gens dans la Bastille, d'où, peu après, condamnés par la cour du parlement, ils furent conduits en Grève, où ils eurent la tête tranchée.

En ce temps, Madame accoucha d'une fille, contre l'attente et le désir de Leurs Majestés et de Monsieur, son mari, qui eussent plutôt demandé un fils; et elle, étant demeurée malade de sa couche, mourut peu de temps après. Cette mort changea la face de la cour, fit concevoir de nouveaux desseins et enfin a causé plusieurs maux qui sont arrivés depuis. On lui fit une pompe funèbre royale. Le roi fut jeter de l'eau bénite en cérémonie, et, peu de jours après, déclara Monsieur lieutenant général de ses armées, et nous fit, M. de Schomberg et moi, ses lieutenants généraux de l'armée qu'il mettait sur pied en Poitou, dont je dirai le sujet, l'emploi et le progrès.

1627. — Siége de la Rochelle. — Contestation avec le duc d'Angoulême pour le commandement de l'armée. — Capitulation de la ville.

Par la paix que le roi avait accordée, au mois de janvier de l'année passée, à ses sujets de la religion, l'île de Ré était demeurée entre les mains du roi, qui en avait donné le gouvernement à Thoiras, avec ordre d'y construire un grand fort, proche de Saint-Martin, outre celui qui était déjà achevé, nommé le fort de la Prée, auquel ledit Thoiras fit travailler sans interruption. Les Rochelois, voyant que le Fort-Louis subsistait sous leurs yeux, jugèrent qu'ils étaient perdus, si celui de Saint-Martin s'achevait ; c'est pourquoi ils firent prier instamment le roi de la Grande-Bretagne, par M. de Soubise, de les assister et d'empêcher leur ruine, qui était évidente.

Le roi d'Angleterre s'était toujours intéressé aux affaires de la Rochelle, comme le seul lieu d'où il pouvait secourir les huguenots de France ; il était animé par le duc de Buckingham, qui avait été débouté de l'ardent désir qu'il avait de venir en France par ce que je lui avais mandé de la part du roi. Piqué, d'ailleurs, de certaines lettres que M. le cardinal et lui s'étaient écrites, il pensa, en suivant le sentiment du roi son maître, satisfaire les siens en nous déclarant la guerre. C'est pourquoi il arma une flotte montée par vingt-huit mille Anglais, puis se mit en mer. Le roi, averti des desseins des Anglais et des pratiques des Rochelois, jugea que cet apprêt se faisait contre lui, fit munir ses côtes et leva une armée pour se porter où besoin serait, résolu d'y aller en personne, et Monsieur son frère avec lui. Il me commanda de l'accompagner en son arsenal, où il fit l'état de son artillerie, et se préparant pour partir alla en parlement dire adieu et faire vérifier ce code que M. de Marillac, garde des sceaux, avait compilé, et qui de son nom fut dit code Michaud.

Le roi sortant de son parlement pour aller en

Poitou, se trouva mal. Je lui présentai la main pour l'aider à descendre de son lit de justice, il me dit : « Maréchal, j'ai la fièvre et n'ai fait que trembler tant que j'ai été en mon lit de justice. — C'est néanmoins le lieu, lui répondis-je, d'où vous faites trembler les autres. Mais si cela est, Sire, pourquoi vous mettez-vous aux champs par la fièvre ; arrêtez-vous encore deux ou trois jours dans cette ville. » Il me répondit : « La foule de ceux qui sont venus prendre congé de moi me l'a donnée, et je la perdrai à la campagne quand j'aurai pris l'air. Envoyez à Maroles, où je vais coucher, votre Béarnais (c'était mon valet), et je vous manderai par lui l'état de ma santé ; cependant hâtez-vous de partir. »

Le lendemain mon homme le vit monter en carrosse pour aller à Villeroy, il lui dit que je le vinsse voir le lendemain et qu'il avait eu une forte fièvre. J'allai avec MM. de Guise, de Joyeuse et de Saint-Luc. Arrivé à Villeroy, M. le cardinal de Richelieu, avec qui j'étais un peu brouillé, sortit en la galerie, salua ces Princes ; puis me dit : « Le roi voudrait vous voir ; mais la compagnie qui est venue avec vous le pourrait incommoder. Il a eu une grande sueur : je vous conseille de ne pas le voir ; je lui dirai que vous êtes venu et ferai le compliment de la part de ces Princes. » Nous revînmes donc à Paris. Je sus en partant de Villeroy que M. d'Angoulême était en la chambre du roi ; mais je ne m'avisai point de deviner pourquoi c'était, en voici la cause :

J'avais été nommé par le roi son lieutenant général, ce qui n'avait pas plu à son conseil. L'évêque de Mendes, depuis mon retour d'Angleterre, disait que j'avais improuvé sa conduite, lorsqu'il était grand aumônier de la reine et me rendait de mauvais offices auprès de M. le cardinal de Richelieu, qui avait tout pouvoir. M. d'Angoulême lui proposa, à Maroles, lorsque le roi y fut malade, que si on voulait l'envoyer en Poitou, avec une simple lettre de cachet pour assembler l'armée, il la remettrait entre les mains du roi, en bon état à son arrivée, n'y prétendant aucun autre commandement. Sur cela, on le fit venir à Villeroy, et M. le cardinal exposa la proposition de M. d'Angoulème, disant de plus qu'il trouvait à propos de l'y envoyer. Le roi lui répondit : « Et Bassompierre que fera-t-il ? n'est-il pas mon lieutenant général ? — Oui, Sire, répondit le cardinal, mais comme il n'a jamais cru que les Anglais viennent en France, il ne sera pas si soigneux de mettre promptement votre armée sur pied, et M. d'Angoulême ne prétend à aucun commandement en l'armée, comme il vous dira lui-même ; et de se retirer dès que Votre Majesté viendra, sachant que le commandement en appartient aux maréchaux de France. Sur cela, M. d'Angoulême vint, et le roi, pressé, accorda qu'il lui fût donné une lettre de cachet pour commander. Le lendemain que j'eus été à Villeroy je le rencontrai, il fit arrêter son carrosse, en sortit comme moi du mien, et m'embrassa en me disant : « Je vous fais mes adieux, je pars dans deux heures pour aller en Poitou. — Et quoi faire ? lui répondis-je : — Pour y commander l'armée du roi, me répondit-il. » Je pris congé de lui bien surpris de cette nouvelle. La maladie du roi augmenta, ce qui fit acheminer la reine à Villeroy et être à toute heure près de lui. M. de Guise fut appelé par le roi, qui lui dit : « M. Dubois (ainsi me nommait-il souvent) ne vient pas me voir ; il me fait la mine, mais il a tort. Je vous prie de l'amener la première fois que vous viendrez, et le lui dire de ma part. » Ce qu'il fit ; j'y allai, mais je n'entrai en sa chambre qu'avec M. le cardinal. La reine mère y arriva peu après, et, y ayant demeuré quelque temps, en sortit pour aller dîner, et moi après elle, sans avoir parlé au roi, qui dit à Roger, son premier valet de chambre, qu'il vînt m'appeler. Il me dit, quand je fus arrivé, que je n'avais point de raison de me fâcher de ce qu'il avait envoyé M. d'Angoulême en Poitou, on l'y avait forcé, et qu'il ne lui avait donné aucun pouvoir et dès qu'il serait en état de se rendre à l'armée, il le contremanderait, pour me la mettre en main. Je lui répondis que je ne m'en mettais pas en peine, que je ne songeais qu'à sa santé, pour laquelle je faisais de continuels vœux à

Dieu, et qu'étant sa créature j'approuvais tout ce qu'il faisait, quand même ce fut à mon préjudice.

Sur ces entrefaites, arriva la nouvelle de la descente du duc de Buckingham en l'île de Ré, malgré l'opposition de Thoiras qui avait perdu plusieurs braves hommes au combat; que Thoiras s'était retiré à Saint-Martin pour garder la citadelle, qui n'étant point encore pourvue, serait prise infailliblement par le duc. On céla d'abord cette nouvelle au roi, de peur d'accroître son mal, ensuite on la lui déguisa. Monsieur, son frère, brûlait de désir d'aller à l'armée et se fâcha contre le cardinal, qui lui dit qu'il ne conseillait point au roi de le permettre ; mais enfin, par l'intercession de la reine sa mère, le roi le laissa aller.

Dieu enfin renvoya la santé au roi, et fit tenir bon aux assiégés de la citadelle Saint-Martin-de-Ré contre le duc de Buckingham ; ce qui anima tellement le roi d'aller les secourir, qu'à peine pouvait-il monter à cheval qu'il voulait partir. Monsieur son frère ayant investi la Rochelle du côté de Coreilles, s'était logé à Estré avec son armée et aux environs jusqu'à Ronsay ; il m'envoya quérir à Saint-Germain, où il s'était fait porter et me dit que je me préparasse pour aller à la Rochelle avec lui cinq jours après. Je lui demandai en quelle qualité. Il me répondit : « Vous moquez-vous de moi de me demander cela? en qualité de mon lieutenant général. Je lui dis là-dessus que M. d'Angoulême avait déjà cette qualité en son armée, qui, en sa présence, n'était jamais commandée que par les maréchaux de France quand il y en avait ; que je le suppliais très-humblement de ne me point mener là pour faire un affront à ma charge. Il se fâcha contre moi et me dit qu'il lui enverrait l'ordre de se retirer. Je le suppliai de me faire donner cette parole par M. le cardinal, parce que l'ayant fait aller à l'armée il voudrait l'y conserver. Le roi me le promit, et étant le jour même venu à Paris chez la reine sa mère, il fit que M. le cardinal me dît la même chose, et ce qui me le persuada davantage fut le maréchal de Schomberg, qui était mon compagnon en charge, qui m'en donna entière assurance. Le roi alla à petites journées jusqu'à Moulineau, auprès de Blois, où il fut quelque temps à se refaire et à chasser.

Je partis de Paris le dernier jour de septembre et vins coucher à Artenay. Le lendemain je passai par Orléans et allai entendre la messe à Notre-Dame-de-Cléry ; je fus chercher le roi à Saumeray, où il était allé voir M. le cardinal, qui furent bien aises l'un et l'autre de mon arrivée.

Le 4, le roi reçut, par un courrier que Monsieur son frère lui envoya, la nouvelle que le fort de Saint-Martin-de-Ré ne pouvait plus tenir que jusqu'au 10 ou au plus jusqu'au 12 du mois, ce qui le mit en grande peine ; il vint descendre de son bâteau à Notre-Dame-des-Ardilliers où il pria Dieu, et y revint communier le lendemain.

Le 9, je rejoignis le roi à Niort, où en arrivant il reçut la bonne nouvelle que vingt-sept pinasses ou autres barques chargées d'hommes et de vivres, étaient heureusement, et malgré la flotte anglaise, entrées dans le fort de Saint-Martin-de-Ré : ce qui fut cause que le roi séjourna à Niort tout le lendemain. Dès qu'il fut arrivé à Estré, l'affaire de M. d'Angoulême fut mise sur le tapis, en un conseil qui se tint à cet effet ; il fut appelé, pour dire ses raisons qui furent, qu'en effet, il avait dit au roi qu'il ne prendrait aucune charge de lieutenant général de l'armée lorsqu'il y arriverait, comme aussi il n'en avait aucune patente, mais qu'à l'arrivée de Monsieur, qui en avait dressé l'état, il y avait été couché comme lieutenant général et en avait tiré les gages ; qu'on lui ferait maintenant un grand affront de l'en priver et de le renvoyer, après avoir servi le roi durant trois mois pour la laisser à M. de Schomberg et à moi, qui avions passé ce temps à Paris ; que je ne ferais pas difficulté d'être lieutenant général en une armée où M. de Guise commanderait, et que lui il ne le voudrait pas seulement souffrir pour compagnon ; que d'autres maréchaux de France avaient obéi à des princes, et qu'enfin il suppliait le roi de ne pas lui faire un tel affront. Je répondis à son discours par la parole que le roi m'avait donnée et la promesse qu'il m'avait faite. Je prouvai qu'en la présence de Sa Majesté, les princes avaient toujours reçu le mot des maréchaux de camp. Que je ne faisais pas difficulté d'honorer les princes, mais que je devais aussi respecter ma charge, que je ne l'avais point extorquée, et que s'il le fallait, je la quitterais dignement et m'en retournerais très-volontiers à Paris y faire le bourgeois et y prier Dieu de continuer ses grâces à Sa Majesté, par quantité de victoires sur ses ennemis, attendant que l'honneur de ses commandements m'employât ailleurs.»

Après que j'eus parlé, M. de Schomberg en fit autant, et déduisit éloquemment ses intérêts et ceux des maréchaux de France; puis nous nous retirâmes, sans y penser davantage; nous allâmes voir le fort d'Orléans commencé, qui était le seul travail qu'on avait fait en trois mois à la Rochelle. A mon tour, étant venu chez le roi, il me demanda ce qu'il m'en semblait. Je lui dis que c'était un travail inutile placé au plus mauvais endroit, plus grand qu'il ne fallait, mal travaillé, de grande dépense, de peu de profit, construit non comme un fort, mais comme une pièce à demeurer, et enfin défectueuse en son tout et en toutes ses parties. Il me répondit que j'en parlais par envie, et que si c'était moi qui l'eusse fait construire, je n'aurais pas moins de raisons pour le louer que j'en avais pour en médire. Je lui répliquai que sa Majesté, saurait bien juger la vérité, et dès le lendemain le reconnaître, et que je ne m'aidais pas de ces artifices contre M. d'Angoulême, duquel je voyais bien qu'elle soutenait les intérêts, depuis le conseil qu'elle avait tenu ; et que si elle avait changé d'avis je n'avais pas changé de résolution de ne servir avec compagnon qui ne fût comme moi maréchal de France. Elle me dit qu'elle n'avait point changé d'opinion, mais quelle serait bien aise que je m'accommodasse à ce qui serait pour son service, sans néanmoins me forcer à rien. Je vis alors que les affaires allaient mal pour moi, qui me résolus, au pis, de retourner à Paris si je ne trouvais mon compte à la Rochelle ; et ainsi je me retirai en mon logis. M. le cardinal prit le sien au Pont-la-Pierre, qui est un petit château proche d'Angoulin. Tout le soir fut employé, jusque bien avant dans la nuit, en allées et venues de MM. de Vignolles et de Marillac vers M. de Schomberg, de la part de M. d'Angoulême, au parti duquel ils étaient entièrement attachés, pour tâcher de les accorder ensemble. A quoi ils réussirent, malgré ce que M. Schomberg devait à sa charge et à mon amitié. De là, le roi m'accusa d'opiniâtreté et évita de me parler. Il commanda à M. du Hallier de me persuader, de m'accommoder avec M. d'Angoulême. M. le cardinal me le dit aussi, et Schomberg vint m'accoster, me disant qu'il voyait bien que le roi n'avait pas intention de nous obliger ; qu'il me conseillait de céder, et que pour lui, il avait trop à perdre pour s'opiniâtrer. Je lui répondis que mon roi pouvait bien m'abandonner, mes amis me trahir et mon frère me quitter ; mais que je me retirerais avec honneur, et lui promettais de n'être pas compagnon en même armée, le roi y étant, avec M. d'Angoulême, et que pour lui il fît comme il l'entendait. Sur cela, nous vîmes la flotte anglaise à l'ancre devant Saint-Martin-de-Ré, elle pouvait être de cent cinquante vaisseaux.

Le jeudi, il fut convenu que Monsieur, qui était de l'armée, nous dirait que l'intention du roi était que M. d'Angoulême servît conjointement avec nous ; ce que je refusai absolument, et je vins trouver le roi et lui dis: « Sire, pour ne rien faire qui soit indigne de moi, et qui fasse tort à la charge de maréchal de France dont vous m'avez honoré, je suis forcé, avec un extrême regret, de me retirer de votre armée et de supplier Votre Majesté de me permettre d'en sortir. Je vais à Paris attendre que l'honneur de vos commandements m'appelle en quelque lieu, où je puisse lui continuer mes humbles services, lui demandant grâce de ne point ajouter de foi aux mauvais rapports que mes ennemis feront contre moi jusqu'à ce qu'ils soient bien avérés. » Le roi me dit que je ne l'avais jamais abandonné, que j'étais opiniâtre et que tout le monde me donnait tort : que le maréchal de Schomberg qui avait le même intérêt que moi me condamnait. Voyant qu'il ne me pouvait vaincre, il me dit adieu, après m'avoir fait promettre que je l'irais dire à M. le cardinal qu'il envoya prier de me faire demeurer, à quelque prix que ce fût. Je m'en allai le trouver, et il me donna tant de preuves de bonne volonté, montra tant de tendresse, que je lui dis enfin que, s'il me voulait donner une armée distincte de celle du roi, ayant mon artillerie, mes vivres, mes trésoriers, pour assiéger la Rochelle de l'autre côté du canal, avec le commandement dans le Poitou pour les choses dont j'aurais besoin, j'offrais de servir. Il m'embrassa alors et me dit qu'il me ferait accorder tout ce que je demandais, ce que le roi confirma et me mena en son conseil avec joie. Je pris donc part au siége et ayant été empêché de communier le jour de la Toussaint, je le fis le 3 novembre. Le 8, il y eut une affaire dans laquelle les Anglais perdirent douze cents hommes tués ou prisonniers, trente-quatre enseignes et cinq pièces de canon. Je fis faire une salve générale en tirant plusieurs fois tous mes canons et fis chanter le *Te Deum* à Laleu et au fort Louis pour célébrer cette victoire. Je faillis, ce jour-là, d'être tué d'un coup de canon de la ville, qui passa à deux doigts de ma tête et tua un soldat qui marchait devant moi.

Peu de jours après, la flotte anglaise se présenta pour essayer d'entrer dans le canal, ce qui donna lieu à quelques canonnades de part et d'autre; elle nous lança des brûlots qui firent peu d'effet. Les vaisseaux du roi étaient résolus, si la flotte anglaise venait les attaquer, de s'agraffer chacun au sien et de venir s'échouer sur ma rive, et alors j'eusse sauté sur les vaisseaux ennemis ou les eusse crevés à coups de canon. Mais, après avoir été huit jours en vue, ils s'éloignèrent, ayant été contrariés pendant ce temps par une furieuse tempête.

Le 26 mai, les Rochelois, pressés par la famine, mirent dehors les bouches inutiles, mais je les repoussai dans la ville; ceux qui voulurent s'échapper furent pris. Trois jours après, le tambour de ville vint me trouver et me fit savoir que les habitants, pressés par la nécessité, balançaient de se rendre. On nomma des commissaires pour traiter de la capitulation; mais, le 2 juin, les assiégés reçurent une lettre du roi d'Angleterre qui leur promettait de hasarder ses trois royaumes pour leur salut, et que dans peu de jours il enverrait une telle flotte, qu'ils en seraient pleinement secourus; ce qui fit résoudre le peuple à souffrir toutes les extrémités plutôt que de se rendre. Le 11, jour de la Pentecôte, je communiai, et le lendemain je donnai à dîner à l'ambassadeur d'Espagne et à un membre du conseil des Indes. Le premier jour d'août, quelques huguenots du pays voulurent faire entrer trente sacs de farine dans la ville, mais étant découverts, ils les laissèrent et s'enfuirent. Le 14, cinquante soldats de la ville demandèrent à me parler; ils voulaient se rendre et en amener deux cents autres avec deux capitaines, mais je les refusai. Le lendemain, jour de Notre-Dame, je communiai. Quantité de soldats de la Rochelle me firent encore demander à sortir, mais ce fut en vain. Le 16, on me commanda d'envoyer encore un héraut pour sommer les Rochelois de se rendre; on ne voulut pas l'écouter. Le 20, un soldat de la ville demanda à me parler en particulier. Je le fis fouiller et on lui trouva un pistolet de poche bandé, caché sous son habit. Je le renvoyai sans lui faire de mal. Mais, le 5 septembre, je pris un espion de la Rochelle qui portait des lettres à ceux de Montauban, et le fis pendre. Le 28, les Anglais, au nombre de soixante-dix vaisseaux, parurent en vue de l'île de Ré, et le lendemain ils approchèrent de l'anse Coude-Vache et du Plomb; mais, comme le vent était contraire, je ne m'en inquiétai pas, et fus au-devant du cardinal qui venait dîner chez moi. Un coup de canon de la ville remplit de terre son carrosse dans lequel j'étais monté.

Le roi vint loger à mon quartier avec sa suite et six compagnies des gardes et trois des Suisses. Je les reçus et régalai de telle sorte et sans embarras que chacun en fut émerveillé. Aussi dépensai-je huit cents écus par jour tant que le roi y séjourna, c'est-à-dire cinq semaines. Les ennemis s'approchèrent vers le Plomb: le roi alla les reconnaître. Il leur arriva encore quinze vaisseaux. Je fis donner à tous mes quartiers le meilleur ordre que je pus; je renforçai mes gardes, et ne bougeai de toute la nuit de battre l'estrade sur la rive du Plomb.

Le dernier septembre, le roi fut voir sur la rive la contenance des Anglais, qui ne bougeaient de leur poste, attendant la marée. Il fut de là conduit par moi à la batterie de Chef-de-Bois, où je trouvai trente canons en état de faire du bruit. Je fis tenir encore deux batteries toutes prêtes pour mettre les canons entre Chef-de-Bois et le Port-Neuf, où il alla ensuite. Il trouva ma digue en si bon ordre, et tant de machines, vaisseaux enfoncés et autres empêchements dans le canal qu'il jugea impossible aux Anglais de pouvoir faire aucun effet.

Le lendemain, il arriva encore sept ou huit vaisseaux à la flotte anglaise qui fut composée de plus de cent-vingts bâtiments. Ils appareillèrent, en attendant la marée pour venir à nous : mais le vent leur manqua. On mit notre armée de terre en bataille. MM. d'Angoulême et de Schomberg firent de même du côté de Coreilles, où ils avaient vingt canons.

Le 2, le vent fut contraire. Cependant les ennemis envoyèrent certains artifices avec la marée pour brûler nos vaisseaux; mais ils ne firent aucun effet, bien qu'ils en eussent jeté jusqu'à dix. Je fus toute la nuit sur pied.

Le 3 octobre, à cinq heures du matin, nous aperçûmes les Anglais appareiller pour venir à nous, je m'en étais douté plus de deux heures avant par les lanternes des barques, allant et venant aux vaisseaux. J'étais à Chef-de-Bois et envoyai en diligence en donner avis au roi, et à M. le cardinal, qui était venu la veille se loger en mon quartier. Je fus sur la rive près de notre flotte, voir l'ordre qu'elle tenait et savoir si je pouvais l'aider. Valençay m'envoya son cousin de Lisle pour m'assurer que, bien que le vent qui leur était contraire, les brouillât un peu, il ne craignait point la flotte anglaise, et que je fisse tirer de telle manière que les coups de canon n'incommodassent point leurs vaisseaux. Je leur fis prendre poste un peu plus en arrière afin de faire plus beau jeu à mes batteries. M. de la Rochefoucauld demeura toujours avec moi, il jugea très-bien des intentions des ennemis et m'assista utilement. J'envoyai en même temps faire battre champs à nos troupes, et laissai le Hallier pour les commander et les mener sur la rive à M. le duc de la Valette, colonel de l'infanterie, qui les tint en très-bon ordre, attendant qu'on en vînt aux mains. Le roi et M. le cardinal arrivèrent incontinent après, et l'armée anglaise mise en trois ordres s'avança aussi.

L'avant-garde ayant fait plusieurs bordées pour prendre le vent, vint enfin sur les sept heures et demie à la portée du canon de notre flotte, et des deux pointes; puis, tournant le bord, ils tirèrent tous les canons de la bande, et s'étant retournés, ils firent de même de l'autre bande; après que l'avant-garde eut fait son salut, leur bataille et leur arrière-garde en firent autant. Nous ne nous endormions pas cependant de notre côté, car outre que notre armée navale les canonnait incessamment, j'avais quarante pièces de canon sur Chef-de-Bois, qui faisaient une belle musique. Du côté de Coreille, il y en avait vingt-cinq, qui firent aussi très-bien leur devoir pendant deux heures et demie que cette fête dura : il fut tiré de part et d'autre, pour le moins cinq mille coups de canon. Le roi était à la batterie de Chef-de-Bois, où il vit passer par-dessus sa tête plus de trois cents coups de canon, qui allaient à trois cents pas au de là. Comme la mer se retira, les ennemis s'éloignèrent vers dix heures, et puis après, nous-mêmes avec l'assurance qu'ils ne nous feraient point de mal, ni à notre flotte, préparée à les bien recevoir. Les Anglais jetèrent encore de ces artifices, qui vont nageant dans l'eau, et qu'ils appellent mines volantes, sans aucun fruit, non plus que d'un vaisseau plein de feux d'artifices qu'ils croyaient devoir faire merveille et qui se consuma avant d'arriver près de notre flotte.

En cette escarmouche, les ennemis, au rapport d'eux-mêmes, perdirent près de deux cents hommes dans leurs vaisseaux, plusieurs desquels demeurèrent froissés des canonnades de terre. Nous n'en perdîmes que vingt-sept des nôtres.

Nous gagnâmes aussi deux chaloupes, et une qu'une canonnade enfonça ; un de leurs meilleurs capitaines de mer y fut aussi tué. De nos vingt-sept hommes, il y en eut quatre tués à Coreille d'un coup de canon qui fut tiré de la ville, qui vint jusque-là, ce que l'on tenait à merveille : car jamais canonnade de la ville n'avait tiré si loin. L'après-dîner l'armée des Anglais fit semblant d'appareiller, mais ils ne vinrent que le lendemain.

Ils firent mêmes bordées jusqu'à ce qu'ils fussent à demi-portée du canon, et puis escarmouchèrent en la même sorte que le jour précédent, mais non pas si vivement à mon avis ; ils craignaient fort notre canon de terre.

Cependant le vent avait permis à notre flotte un poste plus avantageux que celui de la veille. Les ennemis nous envoyèrent neuf brûlots et un vaisseau de mine ; mais nos chaloupes, à la merci des canonnades, venaient au-devant et les faisaient dériver contre la falaise de Chef-de-Bois, sans qu'ils pussent faire aucun dommage.

Les Rochelois qui étaient en l'armée navale des Anglais demandèrent à nous parler. Lisle les fut quérir dans ma galiote. Ils étaient deux, Friquellet et Lestreille, députés des autres. Je les pris dans mon carrosse au débarquement, et les menai chez M. le cardinal, qui les renvoya peu après, parce qu'ils ne parlaient d'autre chose, sinon d'entrer dans la Rochelle et voir l'état où elle était, pour le venir redire aux leurs : ce qui était une demande incivile. Je passai la nuit à Chef-de-Bois. Nous reprîmes cet espion Travart, qui avait été déjà deux fois entre nos mains et s'en était échappé, ce qui avait été cause que le grand prévôt de la Trousse était tombé en disgrâce, et de peur qu'il ne s'échappât une troisième fois je le fis pendre.

Durant plusieurs jours une tempête empêcha qu'il y eût la moindre affaire. Néanmoins nous ajoutâmes à la digue plusieurs machines ; lorsque M. le cardinal eut visité ce travail, il s'en étonna et dit qu'il était impossible de forcer le canal. On m'envoya un tambour de la Rochelle pour me demander qu'un Rochelois pût aller à l'armée anglaise, pour parler de se rendre : mais l'on ne voulut accepter ce parti.

Le 18, la mer était au décours et le vent contraire. Toutes choses bien ordonnées en l'armée du roi, M. le cardinal partit pour s'aller rafraichir quelques jours à Surgères. Je le fus conduire jusqu'à Périgny.

Le dimanche 22, les Français de l'armée anglaise m'envoyèrent un tambour, pour me demander un sauf-conduit pour des députés qu'ils voulaient envoyer à M. le cardinal. Je le leur envoyai le lendemain. Les Anglais mirent à la voile sur les neuf heures du matin, puis vinrent prendre le vent au-dessus de notre armée, qui demeura sur son ancre. Il fut tiré de part et d'autre, en deux heures, plus de deux mille coups de canon ; les ennemis envoyèrent encore cinq brûlots. M. le cardinal arriva sur la fin, il y trouva M. le cardinal de la Valette et le duc de Chevreuse. Le soir, les députés des Rochelois, qui étaient avec la flotte anglaise, furent amenés dans ma galiote, et je leur envoyai mon carrosse pour les conduire à la Soussaye, tandis que je fus au galop à La Font, parler aux députés de la Rochelle, au nombre de six, qui demandèrent de parlementer : ce qu'ayant envoyé dire à M. le cardinal, il me commanda de les lui amener ; je le fis à l'heure même, et quasi en même temps que mon carrosse amenait ceux de la mer. M. le cardinal les fit mettre dans une chambre, et peu après il fit conduire dans sa galerie les députés de l'armée navale ; puis, M. de Schomberg, de Boutillier et moi étant avec lui, il fit entrer ceux qui venaient de la mer et leur donna audience. Ils lui dirent en substance qu'ils le suppliaient de leur permettre de voir ceux de La Rochelle, et qu'ils assuraient qu'après qu'ils leur auraient parlé ils se remettraient en leur devoir.

Ceux de la Rochelle furent ensuite admis, ils demandèrent qu'on leur permît d'envoyer aux leurs, qui étaient sur la flotte anglaise, et puis qu'ils remettraient la ville entre les mains du roi, suppliant très-humblement M. le cardinal de leur accorder des conditions tolérables. M. le cardinal leur répondit que s'ils lui voulaient promettre de ne point leur parler, il leur montrerait des députés de la flotte; ce qu'ayant promis, M. le cardinal alla à sa galerie et dit aux députés des vaisseaux que s'ils l'assuraient qu'ils ne parleraient point aux Rochelois il les leur ferait voir à l'heure même : dont étant convenus, il les mena en la chambre, où ils étaient avec nous.

Ils s'entresaluèrent de loin, avec tant d'étonnement que c'était beau à voir; puis je les fis rentrer dans la galerie. Alors ils offrirent de se remettre en l'obéissance du roi, suppliant M. le cardinal de leur obtenir leur grâce : ce qu'il leur promit, et leur dit que le roi s'était allé promener pour huit jours, et qu'à son retour il lui en parlerait. Sur quoi un des députés s'écria : « Comment, Monseigneur, huit jours! il n'y a pas dans La Rochelle de quoi en vivre trois. » Lors M. le cardinal leur parla gravement et leur fit voir l'état auquel ils étaient réduits; que néanmoins il porterait le roi à leur faire miséricorde, et dès l'heure même leur fit des articles pour rapporter à la Rochelle; ils dirent qu'assurément ils les accepteraient. Ainsi ils partirent pour s'en retourner, et ceux des vaisseaux aussi, ils eurent permission de parler à leurs confrères et les prier de les comprendre avec eux : ce que M. le cardinal accorda, sous le bon plaisir du roi. Le mardi 24, M. le cardinal envoya donner avis à Sa Majesté de ce qui s'était passé avec les députés, et le convier de revenir à Laleu, ce qu'il fit.

Le jeudi 26, les députés des Rochelois qui étaient en mer, revinrent rendre grâces à M. le cardinal de celle qu'il leur avait accordée au nom du roi, et ceux de la Rochelle acceptèrent aussi les conditions qu'on leur avait proposées : le roi s'alla promener en mer vers la flotte.

Le 28, MM. de Marillac et du Hallier eurent ordre de signer les articles pour le roi, qui ne voulut point les signer avec ses sujets, Sa Majesté alla la nuit promener à Chef-de-Bois, pour voir la flotte anglaise, par un très-beau temps et une lune très-claire.

Le dimanche 29, Monsieur prit congé du roi pour s'en retourner à Paris. Je fus l'accompagner ; puis Thoiras me vint prier de trouver bon que, comme gouverneur d'Aunis, il amenât des députés de la Rochelle faire leur soumission au roi. Je lui dis que tout gouvernement cessait là où les généraux étaient ; que comme maréchal de camp, il pourrait les aller prendre avec le Hallier et me les amener, que je les présenterais à M. le cardinal et lui au roi, dont il fut bien fâché. Je les allai donc prendre à l'entrée des lignes, les maréchaux de camp, Marillac et le Hallier les étant allés quérir de ma part à la porte Neuve. Je les fis mettre pied à terre environ à trois cents pas du logis du roi, et moi demeurant à cheval les menai à Laleu, et à l'entrée de la chambre, M. le cardinal les vint prendre pour les présenter au roi, aux genoux duquel s'étant jetés, ils firent de très-humbles soumissions. Le roi ensuite leur dit peu de paroles, mais le garde des sceaux leur parla amplement, et enfin Sa Majesté leur pardonna.

Le lundi 30, le roi vint au fort de Beaulieu, voir passer les troupes qui entraient dans la Rochelle : c'étaient ses gardes françaises et suisses ; puis après le dîner, il alla promener autour de la ville, depuis la porte Neuve jusqu'à Tadon, et de là revint par les digues : en celle de Coreilles une solive fondit sous lui, et, s'il n'eût été leste de se jeter en avant, il allait au fond.

Le mercredi, jour de la Toussaint, le roi communia à Laleu. Je le servis ; puis il toucha les malades. Je fis aussi mes Pâques. Après dîner, il vint au fort de la Font, et de là à la porte de Coigne, où M. le cardinal m'y présenta les clefs de la ville ; ensuite le peuple lui cria miséricorde et il entra dans la ville, ayant devant lui M. le cardinal, seul, précédé de MM. d'Angoulême, de Schomberg et moi en un rang, et les maréchaux de camp, deux à deux. Cet ordre fut gardé jusqu'à Sainte-Marguerite, où le P. Souffran fit un sermon, suivi des vêpres : les canons de la ville, des pointes et de la mer tirèrent ; puis le roi s'en retourna à Laleu, et M. de Chevreuse partit.

Le vendredi 3, le roi fit faire une procession

générale, et l'on porta le Saint-Sacrement. MM. d'Angoulême, d'Alais, moi et Schomberg portâmes le poêle. M. de Luxembourg demanda de le porter devant nous, comme duc et pair; mais il perdit, bien qu'il alléguât que ce ne fût point une action de guerre, et qu'en temps de paix ils sont placés devant nous, à quoi on n'eut point d'égard.

Le samedi 4, M. le cardinal m'envoya prier à dîner, et après me fit la proposition de continuer à commander l'armée, et de la mener en Piémont, pour secourir Casal; dont je m'excusai, lui disant que j'irais bien pour commander, mais que cent vingt mille écus que j'avais dépensés en ce siége me forçaient d'aller auparavant à Paris pour raccommoder mes affaires. M. le comte et M. de la Valette partirent. Je jouai à la paume avec le roi à qui la goutte prit à un pied.

Le dimanche 5, les régiments de Chappes, Plessis et Castel-Bayart entrèrent en garnison dans la ville, à qui les gardes firent place.

Le mercredi, 8 nouvelles vinrent que sept vaisseaux de la flotte d'Angleterre étaient échoués au-dessous de Foras, qu'ils s'étaient rendus à ceux de Brouage, et qu'on avait mis des soldats et des paysans pour les garder. M. le cardinal partit pour y aller, j'eus querelle avec Schomberg et M. d'Angoulême, pour lesquels le roi se déclara; mais on nous accorda, et je fus souper chez Schomberg.

Le 11, la flotte anglaise partit avant le jour, moindre de vingt-deux vaisseaux qu'elle n'était venue, à cause des brûlots, vaisseaux échoués ou ceux où ils avaient mis le feu.

Le jeudi 16, le roi m'envoya quérir dans son conseil secret, où il me dit que pour le bien de son service il convenait qu'il fît raser plusieurs places de son royaume, comme Saintes, Niort, Fontenay et autres; puis aboutit à la citadelle de Ré, qu'il dit être si forte que si un des deux rois ses voisins l'avait occupée il lui serait presque impossible de la reprendre, et que le fort de la Prée suffisait pour garder cette île. J'approuvai les desseins du roi; mais je lui dis que c'était une chose qui devait partir de la bouche propre de Sa Majesté, et que si elle le disait à Toiras il le prendrait de bonne part. Alors on le fit venir, et le roi lui parla. Il eut promesse de deux cent mille livres, d'être payé de ce qui lui était dû, d'être récompensé des armes et munitions qui se trouveraient dans la place, et que le roi lui paierait le vaisseau que les Hollandais lui avaient retenu. Il demanda quelque emploi, et je proposai de lui donner l'armée à conduire jusqu'en Italie.

Le samedi 18, le roi partit de la Rochelle et moi avec lui. Le 23, nous communiâmes à Notre-Dame des Ardilliers, et le jeudi 30 novembre, j'arrivai à Paris, ayant été justement quatorze mois, depuis mon départ, jusqu'à mon retour.

1629. — Le roi en Italie. — Traité de Suze. — Levée du siége de Cazal. — Ambassade de Gênes. — Soumission de Montauban.

Après que toute la cour fut assemblée à Paris, au commencement de l'année 1629, on commença à rompre le mariage de Monsieur avec la princesse Marie et à lui en parler fermement : à quoi il se résolut, et promit de s'en désister tout à fait, pourvu qu'on lui donnât le moyen de le faire avec honneur. Pour cela, il proposa qu'on le chargeât de faire lever le siége de Cazal, qu'y avait mis trois mois auparavant dom Gonzalès de Cordoua, gouverneur de Milan. Ce que la reine mère lui fit accorder par le roi, qui lui fit en même temps un don de cinquante mille écus pour se mettre en équipage d'aller être vicaire du roi en Italie, avec une puissante armée, qui déjà s'y acheminait et était bien avancée. Il trouva bon que l'on fît dire à M. de Mantoue, d'envoyer quérir Madame sa fille et qu'elle partît quinze jours après qu'il se serait acheminé à l'armée. Mais après que le roi lui eut donné cette charge, il s'imagina que la gloire que Monsieur son frère irait acquérir en cette expédition serait au désavantage de la sienne : tant a de pouvoir la jalousie entre les proches; il se mit tellement cela en la tête qu'il ne pouvait reposer.

Il vint le 3 de janvier à Chaillot, où j'étais venu trouver M. le cardinal qui y demeurait alors, et s'étant enfermé avec lui, il commença à lui dire qu'il ne saurait souffrir que Monsieur son frère allât commander son armée de là les monts, et qu'il fît en sorte que cet emploi se rompît. Il lui répondit qu'il ne savait qu'un seul moyen de le rompre, qui était d'y aller lui-même, et que dans ce cas, il fallait qu'il partît dans huit jours au plus tard, à quoi le roi se décida, et se tournant vers moi m'appela, (j'étais au bout de la chambre); quand je fus près il dit : « Et voici qui viendra avec moi et m'y servira bien. » Je lui demandai où. « En Italie, me dit-il, où je vais dans huit jours pour faire lever le siége de Cazal : apprêtez-vous pour partir et m'y servir de lieutenant-général sous mon frère, s'il y veut venir. Je prendrai avec vous le maréchal de Créqui, qui connaît ce pays-là, et j'espère que nous ferons parler de nous. » Sur cela le roi revint à Paris, dit sa résolution à la reine sa mère, et elle à Monsieur, qui n'en fut guère content, et s'apprêta pour partir. Le roi s'en alla le premier et nous donna rendez-vous à Grenoble. La veille qu'il partit, il sut que je n'étais pas fort en argent. Il me demanda du cidre, car j'avais coutume de lui en donner de fort bon que mes amis m'envoyaient de Normandie sachant que je l'aime; je lui en envoyai douze bouteilles, et le soir, comme je pris le mot de lui, il me dit : « Bestein, vous m'avez donné douze bouteilles de cidre, et moi je vous donne douze mille écus :

allez trouver Effiat qui vous les fera délivrer. » Je lui dis : Sire, j'ai la pièce entière au logis, s'il vous plaît, je vous la donnerai à ce prix; mais il se contenta des douze bouteilles et moi de sa libéralité.

Il partit donc de Paris le 4 janvier et Monsieur cinq jours après lui, qui vint souper et dîner chez moi la veille; ayant envoyé son train l'attendre à Montargis, et moi je partis de Paris le 12 février.

Le 17, à notre passage, il régnait une peste violente à Roanne, Lyon et les environs.

Le mercredi, jour des Cendres 28, nous montâmes le mont Genèvre, d'où sortent les deux fleuves de Douare et la Durance. Nous vîmes les arbres qui portent la manne, l'agaric et la térébenthine; puis nous nous mîmes à la ramasse pour descendre à Sézanne, où M. le cardinal arriva peu après nous, et nous vînmes coucher à Ourse.

M. le prince de Piémont arriva le dimanche, 4, à Chaumont pour traiter avec M. le cardinal et nous; M. de Créqui et moi le fûmes conduire jusque par delà la grande barrière, que nous eûmes loisir de reconnaître. Il nous envoya un courrier; et l'après-dîné M. le cardinal étant allé sur la frontière, le comte de Verrue y arriva. Étant entré en particulier avec M. le cardinal, ils furent plus de deux heures à contester; au bout desquelles M. le cardinal et moi, ne fûmes pas d'avis d'accepter ses offres. Sur quoi tout traité fut rompu ; il en envoya donner avis au roi, lui conseillant de venir : ce qu'il fit toute la nuit, et arriva sur les trois heures du matin. Cependant M. de Créqui et moi, avec les maréchaux de camp, tînmes conseil de l'ordre que nous avions à tenir. Cet ordre fait, nous commençâmes à onze heures du soir à faire passer les troupes par Chaumont. Il faisait un très-mauvais temps, et il y avait sur terre deux pieds de neige.

Le 6 mars, le roi arriva sur les deux heures du matin à Chaumont, avec MM. le comte de Soissons, de Longueville, de Moret, le maréchal de Schomberg, d'Haluin, de la Valette et autres. Nos troupes passèrent, à savoir : sept compagnies des gardes, six de Suisses, dix-neuf de Navarre, quatorze d'Estissac, et quinze de Saulx et les mousquetaires à cheval du roi. Le comte de Saulx et son régiment partirent dès trois heures pour aller où ils étaient ordonnés ; le reste demeura à cinq cents pas de Tallasse en bataille. Nous avançâmes aussi six pièces de canon de six livres de balles, menés au crochet, pour forcer les barricades. D'Estissac eut ordre de laisser cent hommes à la garde du parc de l'artillerie.

L'ordre fut que chaque corps jetterait devant lui cinquante enfants perdus, soutenus de cent hommes, qui eux-mêmes seraient soutenus de cinq cents ; nous logeâmes les princes et seigneurs à la tête de cinq cents hommes des gardes. Sur les six heures du matin, M. de Créqui et moi, avec MM. de la Valette, Valençay, Thoiras, Canaples et Tavanes, mîmes nos troupes en l'ordre susdit. Le roi, qui se trouvait avec M. le comte et M. le cardinal, eût voulu que ses mousquetaires fussent mêlés avec les enfants perdus des gardes. Nous envoyâmes de la part de Sa Majesté le sieur Comminges, avec un trompette, demander passage pour l'armée et la personne du roi au duc de Savoie. Mais comme il approcha de la barricade, on le fit arrêter, et le comte de Verrue sortit et lui répondit que nous ne venions point en gens qui voulussent passer en amis, et que, cela étant, ils se mettraient en si bon état de nous empêcher, que si nous voulions l'entreprendre nous n'y gagnerions que des coups. Après que Comminges nous eut rapporté cette réponse, j'allai trouver le roi qui était cent pas derrière nos enfants perdus, plus avancé que le gros des cinq cents hommes des gardes, pour lui demander permission de commencer la fête, et lui dis : « Sire, l'assemblée est prête, les violons sont entrés, et les masques sont à la porte : quand il plaira à Votre Majesté nous donnerons le ballet. » Il s'approcha de moi, et me dit en colère : Savez-vous bien que nous n'avons que cinq cents livres de plomb dans le parc de l'artillerie ? » Je lui dis : Il est bien temps maintenant de penser à cela, faut-il que pour un des masques qui n'est pas prêt le ballet ne se danse pas? laissez-nous faire, Sire, et tout ira bien. — M'en répondez-vous, me dit-il? — Ce serait téméraire à moi, lui répondis-je, de cautionner une chose si douteuse; mais je vous réponds bien que nous en viendrons à bout à notre honneur, ou j'y serai mort ou pris. — Oui! dit-il, mais si nous manquons, je vous le reprocherai. — Sauriez-vous dire autre chose, lui répartis-je, si nous manquons que de m'appeler marquis d'Uxelles, mais je me garderai bien de recevoir cette injure: laissez-nous faire seulement. » Alors M. le cardinal lui dit: « Sire, à la mine de M. le maréchal, j'en augure bien, soyez-en assuré. » Sur ce, je m'en revins à M. de Créqui et mis pied à terre avec lui, ayant donné le signal du combat. M. le maréchal de Schomberg, qui ne faisait que d'arriver, ayant été contraint de demeurer derrière pour la goutte qu'il eut, s'en vint à cheval voir la fête. Nous passâmes le bourg de Tallasse, que les ennemis avaient quitté; au sortir de ce village nous fûmes salués de quantité de coups de canon des ennemis qui étaient sur les montagnes, et à la grande barricade de quantité de coups de canon du fort de Tallasse. Et comme nous nous avancions toujours, M. de Schomberg fut blessé aux reins d'un coup de fusil qui venait des montagnes. Alors, les nôtres des deux ailes, ayant gagné les ennemis, tirèrent au derrière de la barricade, et nous y donnâmes tête basse.

Nous la leur fîmes abandonner; alors nous les suivîmes si vivement, qu'ils n'en purent garder aucune de celles qu'ils avaient. Ensuite, y entrant pêle-mêle avec eux, le commandeur de Valançay prit le haut à la gauche avec les Suisses, où il fut blessé d'un coup de fusil au genou, et en chassa les Valésiens, que le comte de Verrue menait; son cheval y fut pris. Je donnai par le bas avec M. de Créqui et les Français, ou le marquis de Ville fut fort blessé. Nous suivîmes si vivement notre pointe, que sans la résistance que fit, près d'une chapelle, un capitaine espagnol, ce qui donna loisir au duc et au prince de se retirer, ils étaient tous deux pris. Nous vînmes sans nous arrêter jusque sur le haut, à la vue de Suze, où d'abord on nous tira force coups de canon de la citadelle, mais nous étions si animés au combat, et si joyeux d'avoir obtenu la victoire, que nous n'en faisions aucun cas.

Je vis une chose qui me contenta fort de la noblesse française qui était là, parmi laquelle MM. de Longueville, de Moret et d'Haluin, M. le premier écuyer, et plus de soixante autres qui étaient avec nous. Un coup de canon qui donna à nos pieds nous couvrit de terre. L'habitude m'avait appris plus qu'à eux que dès que le coup est donné il n'y a plus de péril : ce qui me fit jeter les yeux sur la contenance de chacun et voir l'effet que ce coup avait produit sur eux. Je n'en aperçus pas un qui fît un signe d'étonnement.

Un autre tua parmi eux un gentilhomme de M. de Créqui, dont ils ne firent aucun bruit. En marchant de la barricade, un de mes gardes sur lequel je m'appuyais fut tué. Un autre fut tué sur le pont de Suze en poursuivant chaudement avec les enfants perdus. Quelques-uns de ceux-là entrèrent même dans la ville pêle-mêle avec les ennemis et y furent faits prisonniers; et nous eussions à l'heure même forcé Suze, si nous n'eussions fait retirer nos gens, parce que nous voulions conserver la ville sans la piller, pour servir de logement au roi. Le commandeur, quoique blessé, alla mettre les Suisses de l'autre côté de la ville, afin d'empêcher que rien n'en sortît. Cela fait, M. de Créqui et moi prîmes notre logement aux Cordeliers du faubourg de Suze, et tous les princes et la noblesse vinrent, joyeux et contents d'avoir si bien et si heureusement servi le roi, qui nous envoya l'abbé de Beauveau et puis son écuyer de quartier, pour nous dire la satisfaction qu'il avait de nous et la reconnaissance perpétuelle qu'il en aurait; nous blâmant néanmoins, M. de Créqui et moi, de ce qu'étant ses lieutenants généraux, nous avions voulu donner avec les enfants perdus, et nous mandant qu'il ne nous enverrait plus ensemble, parce que, par émulation l'un de l'autre, nous faisions ce préjudice à son service. Que si nous y eussions été tués, outre la perte qu'il eût faite de deux telles personnes, le désordre se fût mis dans l'armée, faute de chefs pour la commander. Nous lui mandâmes qu'il y a des choses qui se doivent faire avec retenue et d'autres avec précipitation ; que celle-ci était une affaire où il ne fallait point marchander, mais y mettre le tout pour le tout ; parce que, si nous eussions été repoussés à la première attaque, nous l'eussions été à toutes les autres, et que des soldats qui voyaient de tels chefs à leur tête y vont avec bien plus de courage et de résolution. Pendant le combat de barricade, M. le còmte de Saulx était allé sous Tallon pour prendre les ennemis par derrière ; eux qui s'en doutaient, avaient mis sur l'avenue où ils devaient passer, le colonel Belou avec son régiment, pour la garder ; mais il les surprit à la pointe du jour, et défit le régiment, prit plus de vingt officiers et neuf drapeaux des dix du régiment; puis il vint se joindre à nous aux Cordeliers, d'où nous envoyâmes sur les cinq heures du soir sommer la ville de se rendre, et le château aussi, ce qu'ils firent ; et, nous ayant donné des otages, nous différâmes d'y entrer ce jour-là, craignant du désordre et que la ville ne fût pillée par les soldats, ardents et échauffés par la précédente défaite, et y entrant de nuit. M. de Senneterre vint à l'entrée de la nuit nous trouver, et nous dire encore de belles paroles de la part du roi et de M. le cardinal, qui nous écrivit que le roi envoyait ledit Seneterre trouver le duc de Savoie de sa part, et que nous facilitassions son passage. Nous lui donnâmes un trompette et dix de mes gardes pour l'accompagner.

Le 7, ceux de Suze vinrent nous apporter les clefs de leur ville, où nous envoyâmes Thoiras pour en prendre possession et y faire faire nos logements. M. le cardinal vint dîner chez moi aux Cordeliers, puis nous vînmes loger dans Suze et mîmes garnison au château; la citadelle nous ayant demandé trêve jusqu'au retour de M. de Senneterre, nous la leur acordâmes.

Le lendemain, nous partîmes de Suze avec ce que nous avions de gardes suisses, Navarre et Saulx, avec les gendarmes et chevau-légers de la garde du roi, pour aller prendre notre logement à Boussolenque; mais comme nous voulûmes faire passer le pont de la Doire à nos troupes, le gouverneur de la citadelle, qui était en trêve avec nous, manda qu'il ne pouvait souffrir que notre armée passât devant, et que si nous le faisions il romprait la trêve. Nous acceptâmes ce dernier parti, et en même temps envoyâmes couper les canaux qui portaient l'eau dans la citadelle. Ils ne les pouvaient faire garder, parce que les citernes n'en valaient rien. Lui nous tira plus de cent coups de canon en passant et nous tua dix ou douze hommes. Je menai ce jour-là l'avant-garde de l'armée, M. de Créqui la commandant. Comme il passait près de la ville, qui nous ouvrit les portes, notre cavalerie se tint en bataille du côté de Veillane jusqu'à ce que l'infanterie fût passée et barricadée, puis elle défila. M. de Senneterre revint et nous dit qu'il avait quasi accommodé toutes choses : qu'il nous priait de ne point avancer. Et sur ce que nous dîmes, que le lendemain nous irions attaquer Veillane, il s'en alla en diligence à Chaumont et nous fit écrire par M. le cardinal que le roi nous commandait de ne rien entreprendre et de ne bouger de Boussolenque, jusqu'à ce que M. de Senneterre eût été trouver le duc de sa part.

Le samedi, M. de Senneterre repassa, nous apportant l'acceptation de la paix que le duc avait faite sur les articles envoyés par le roi ; et, sur le soir, le comte de Verrue passa pour aller trouver le roi de la part du duc. Nos soldats, les deux jours précédents, furent à la picorée (maraude), mais ce jour-là nous fîmes de rigoureuses défenses d'y aller.

Le dimanche 11, j'étais en jour de commander. Sur la nouvelle que nous eûmes du roi, de la venue de M. le Prince près de lui, nous fîmes mettre toute notre infanterie en bataille, des deux côtés par où M. le Prince devait passer, et moi je fus avec les gendarmes, chevau-légers du roi et la compagnie d'Arnault, avec mes gardes et force noblesse, recevoir M. le Prince ; puis le menai par-devant notre infanterie, qui le salua. M. de la Valette était à la tête. De là, nous passâmes à travers Boussolenque et vînmes où étaient les douze compagnies de cavalerie, avec M. le maréchal de Créqui, entre les mains duquel je le résignai pour l'amener au roi. MM. de Longueville, de Moret, d'Haluin, de la Valette et de la Trémouille, qui voulurent venir avec moi au-devant de M. le Prince, ne voulurent le saluer qu'après que je lui eus fait la révérence. Tous ces Messieurs le quittèrent et revinrent au quartier de Boussolenque. M. le Prince dîna à Suze avec M. le cardinal, avec lequel il conclut, entre autres choses, que l'on mettrait la citadelle de Suze et les forts de Tallon et de Tallasse entre les mains du roi ; que j'y mettrais des Suisses, jurant au duc de rendre lesdites places, lorsque le roi m'aurait mandé que toutes choses promises seraient accomplies. De là, M. le Prince s'en revint sans avoir vu le roi. M. de Créqui et moi le fûmes accompagner jusqu'à la plaine de Veillane. M. le cardinal m'écrivit, pour venir prendre le lendemain possession de Suze et des autres forts; mais il y eut quelques difficultés qui ne furent levées que plusieurs jours après.

Le jeudi saint, 12 avril, je fus à Suze par ordre du roi pour aller au-devant d'un ambassadeur extraordinaire, envoyé au roi par la république de Venise. Le samedi suivant je fis mes pâques. Le 25 il arriva à Suze une ambassade extraordinaire de Gênes. M. d'Herbault demanda au roi si elle se couvrirait, parlant à lui. Le roi fut en doute et m'envoya quérir pour me demander mon avis. Je lui dis que j'avais vu couvrir un autre ambassadeur que la république de Gênes avait envoyé au roi ; que c'était une république qui cédait fort peu à celle de Venise ; qu'anciennement le roi ne faisait point couvrir les ambassadeurs de Ferrare, Mantoue et Urbin ; que depuis quelques années elle les avait fait couvrir ; que Gênes ne passe pas seulement devant eux, mais devant Florence même ; qu'à mon avis le roi le devait faire couvrir ; néanmoins, s'il ne le prétendait point, qu'il s'en pourrait passer. Sur cela, M. de Châteauneuf arriva, à qui ayant demandé la même chose, il dit en pleine audience que non, et que les Génois étaient ses sujets, lesquels prendraient avantage de cette concession, comme d'un titre qu'ils ne sont plus sujets de la France et que le roi détruirait le droit qu'il a sur cette république. Il n'en fallut pas davantage au roi pour ne leur pas permettre qu'ils lui parlassent couverts : de sorte qu'il commanda à M. d'Herbaut de leur dire qu'ils ne l'entreprissent pas.

Le jeudi, 26, comme j'étais chez le roi, on vint me dire que M. le nonce Bagny m'attendait chez moi ; j'y allai aussitôt, il me dit que Sa Sainteté avait en très-particulière recommandation la république de Gênes ; qu'elle lui avait ordonné de prendre soin de ses intérêts, et de faire que cette ambassade fût bien reçue ; tandis qu'elle recevrait un signalé affront, en n'ayant pas permission de se couvrir à l'audience: ce qui était contre toute équité, attendu que le roi avait fait couvrir le précédent ambassadeur que cette république avait envoyé; que c'est une grande république, qui a rang avant tout les princes d'Italie, après les rois immédiatement, avec Venise. Il ajouta qu'il venait d'en faire instance à M. le cardinal, qui lui avait promis d'accommoder cette affaire dont je pouvais être le promoteur; que ledit nonce m'en priait instamment; m'assurant qu'outre l'obligation que m'en aurait ladite république, Sa Sainteté m'en saurait un très-grand gré.

Je lui répondis que je tiendrais à grand honneur de rendre ce petit service à Sa Sainteté et à cette république; mais que je craignais de n'y être pas propre, attendu que je m'en étais déjà ouvert au roi, qui avait pris l'avis contraire qu'on lui avait donné. Que Sa Majesté était opiniâtre quand elle avait une fois mis une chose en sa tête, et prompte à se mettre en colère contre ceux qui le contestent; que j'offrais à Sa Sainteté de faire ce qu'il me commandait, et que j'allais trouver M. le cardinal. Il me dit qu'il fallait que je fisse cette ouverture et qu'il me seconderait, que les maréchaux de camp et Bullion suivraient mon avis, et que M. de Châteauneuf appuyerait faiblement le sien. Sur cette assurance, je vins au conseil où nous dépêchâmes force affaires après lesquelles M. d'Harbaut dit au roi qu'il avait vu l'ambassadeur de Gênes, qui montrait, par ses papiers, s'être autrefois couvert, et qu'il ne demandait point d'audience si ce n'était à cette condition. Le roi s'opiniâtra, et je vis que j'aurais affaire à forte partie. Alors M. le cardinal lui dit : « S'il vous plaît, Sire, de prendre l'avis de ces Messieurs, après quoi vous jugerez vous-même ce qu'il vous plaira. » Alors le roi commença par moi à demander avis, et comme j'ouvris la bouche pour parler, il dit : « Je vous le demande, mais je ne le suivrai pas ; car je sais bien qu'il va à les faire couvrir, et que c'est à la recommandation d'Augustin Fiesque, qui est avec vous. Cela me piqua, et lui répondis : Sire, s'il vous plaît de réfléchir sur mes actions passées, vous connaîtrez que le bien de votre service et de votre gloire a toujours dominé mes intérêts. Dom Augustin Fiesque est mon ami, mais il m'a plus d'obligations que je ne lui en ai ; et quand je lui en aurais, Sire, le serment que j'ai fait à votre conseil m'oblige à vous donner le mien selon ma conscience : mais puisque vous me jugez si mal, je m'abstiendrai, s'il vous plaît, de donner mon avis. — Et moi, dit le roi extraordinairement en colère, je vous forcerai de me le donner, puisque vous êtes de mon conseil et que vous en tirez les gages. » M. le cardinal, au-dessous de qui j'étais, me dit : « Donnez-le au nom de Dieu, et ne contestez plus. » Alors je dis au roi : « Sire, puisque

Votre Majesté veut absolument que je lui dise mon opinion, elle est que vos droits et ceux de votre couronne dépériront, si par cet acte vous accordez aux Génois la souveraineté que vous prétendez avoir sur eux, et que vous les devez entendre tête nue, comme vos sujets, et non couverts comme républicains. » Alors le roi se leva fort en colère et dit que je me moquais de lui, et qu'il me ferait voir qu'il était mon roi, et plusieurs autres choses semblables, je n'ouvris plus la bouche pour une seule parole; M. le cardinal le remit, et il fit suivre les opinions, qui furent toutes que l'ambassadeur de Gênes parlerait couvert à l'audience. Après cela, le roi se leva et alla faire faire l'exercice aux gardes. Le soir il ne dit pas un mot aux autres de peur d'en dire à moi, et ne fit que gronder.

L'ambassadeur de Gênes eut audience le 27. Je demandai à M. le cardinal ce que je ferais du mot: car, si je le faisais prendre par un maréchal de camp, le roi s'offenserait, comme aussi peut-être si j'allais le demander moi-même. M. le cardinal parla à ce sujet au roi, qui lui dit que je le lui demandasse, sans faire ni excuses ni reproche, et que le roi, sa colère étant passée, avait reconnu qu'il avait tort et que je ne parlais que pour son service. Je pris donc le mot de lui et lui parlai ensuite, et lui à moi, comme auparavant. Le roi reçut ensuite le marquis de Striggi, ambassadeur. Puis Madame lui envoya un très-beau présent de pièces de cristal de roche ; ensuite duquel ceux de Gênes lui firent un présent de douze caisses d'excellentes confitures. Il en ouvrit une, qu'il distribua à la compagnie : il en envoya deux qui étaient d'écorces de cédrat à la reine sa mère, qui l'aimait fort, et me donna les neuf autres. Ainsi fut faite ma paix. Le soir il me dit qu'il quittait son armée de Piémont pour aller à celle de Valence ; et que nous eussions à demeurer auprès de M. le cardinal.

Le 11 mai, les affaires d'Italie étant réglées, je partis avec M. le cardinal pour revenir en France, au camp du roi qui était devant Privas. Je communiai le 24, jour de l'Ascension. Deux jours après, je reçus un coup de pierre qui me renversa. Il y eut combat acharné pendant trois heures sur un point dont nous restâmes enfin maîtres. MM. de la Valette et d'Effiat y furent plusieurs fois avec grand péril. J'y eus de morts ou de blessés environ vingt hommes. Le même soir, et en même temps, M. des Portes, du côté des Boutières, avec les régiments de Champagne et de Piémont, attaqua et prit par assaut les forts de Saint-André et de Tournon, tuant ce qu'il y trouva dedans. Mais, le lendemain matin, il fut tué d'un coup de fusil par la tête en reconnaissant un retranchement que les ennemis avaient fait à la montagne. Ce fut une très-grande perte, car c'était un brave homme, qui eût été fait maréchal de France au plus tôt. Nous continuâmes notre logement, et la nuit, sur les deux heures du matin du lundi, comme nous avions percé le fossé, nous découvrîmes à la muraille un trou, par lequel les ennemis entraient dans leur fossé, et on ne tirait plus de la ville. Je fus longtemps à marchander, avant de le vouloir faire reconnaître. Enfin, y ayant hasardé un sergent avec une rondache, il entra dans la ville et n'y trouva personne, les ennemis l'ayant abandonnée pour se retirer au fort de Thoulon sur la montagne. Sur quoi nous y entrâmes; elle était déjà occupée par ceux du régiment de Phalsbourg, qui, ayant été avertis par une pauvre femme que les ennemis avaient abandonné Privas, y étaient entrés, et peu après, tous les régiments y envoyèrent pour piller; et la plupart se débandèrent de telle sorte, que si je n'eusse fait prendre les armes aux Suisses pour investir Thoulon, les ennemis eussent pu se retirer sans empêchement. J'investis Thoulon avec douze cents Suisses pendant que l'on pillait Privas, et peu après on y mit le feu. Sur les deux heures après midi, ceux de Thoulon me firent demander de se rendre. Je l'envoyai dire au roi, qui ne les voulut recevoir qu'à discrétion : ce qu'ils refusèrent. Alors nous les investîmes de toutes parts avec les gardes, les Suisses, Champagne, Piémont, Normandie, Phalsbourg, Vaillac, Languedoc, l'Estange et Annonay, et mîmes Picardie sur les avenues de Boutiers. Sàint-André-Monbrun, qui commandait dedans, demanda à se rendre et vint se mettre entre nos mains, à discrétion. Le roi voulut que ceux du fort fissent de même, et Saint-André leur écrivit à ce sujet. J'envoyai Marillac et Biron , maréchaux de camp, les recevoir : mais ils ne purent s'accorder ensemble, ni avec nous; une furieuse pluie m'obligea d'être sur pied toute la nuit, craignant qu'à la faveur de cette tempête les ennemis ne tâchassent de se sauver, les nôtres n'étant pas assez soigneux pour les empêcher. Ce fut une des plus mauvaises nuits que j'aie passées de ma vie; mais Dieu merci ils ne l'entreprirent pas.

Le mardi 29, nos soldats, qui avaient investi le fort de Thoulon , crièrent aux assiégés que l'on avait pendu Saint-André, ce qui les mit au désespoir. Le roi me l'envoya pour le leur montrer, et eux furent contents de se rendre à discrétion ; mais en même temps nos soldats, sans commandement, vinrent de toutes parts à l'assaut et prirent le fort, tuant tout ce qu'ils rencontrèrent. On en pendit cinquante de ceux qui furent pris et deux cents autres furent mis aux galères. Le feu fut mis au fort. Il s'en sauva deux cents autres, qui furent rencontrés par les Suisses qui conduisaient le canon vers Veras et qui en tuèrent une partie.

Le mercredi 30, on donna ordre d'envoyer les prisonniers retirer l'artillerie au parc et préparer le départ de l'armée. Le deux juin, la Gorse, Valon et Bargeac se rendirent au roi , comme aussi, par le moyen du frère de Brisson, nommé Chabrilles, furent réduits à son obéissance les Boutières avec les châteaux de la Torette, Douan, Chalanton, La Chaise, Pierre-Gourde, Tour-de-Civos et de Challart. Le dimanche 3, jour de la Pentecôte, je fis mes Pâques et servis le roi faisant les siennes. Il vint nouvelle des Grisons, que le comte Mérode avait occupé le Steig et le pont du Rhin avec douze mille hommes. Le roi fit maréchal de France M. de Marillac.

Le 7, je me trouvai avec l'armée, en vue de Saint-Ambroise, où je trouvai M. de Montmorency, qui me dit que ceux de la ville avaient demandé à parler à l'évêque d'Uzès, pour se rendre au roi qui y arriva peu après, il mit lui-même son armée en bataille. Les députés de Saint-Ambroise étant venus, il me commanda de les mener à Saint-Etienne, quartier de M. le cardinal, me laissant pouvoir de conclure avec eux; ce que je fis. Ils acceptèrent de M. le cardinal la capitulation qu'il plut au roi de leur donner, je les menai à Saint-Ambroise, où je fis entrer les gardes françaises et suisses. M. de Montmorency reçut les gens de guerre et les fit conduire en lieu de sûreté. Le roi alla loger à Saint-Victor où je retournai le trouver. Je me brouillai le soir avec le premier écuyer de Saint-Simon, qui voulait loger la petite écurie dans mon logis, et ce, par pure méchanceté. Le roi voulut que je le gardasse, mais ce petit monsieur s'en est bien vengé depuis en me décriant auprès de lui. Le 16, Alais capitula et le roi y entra le lendemain; cependant la paix ne fut conclue que le 26. Le premier juillet, les députés d'Uzès vinrent faire leur soumission; ceux de Nîmes traitèrent avec M. le cardinal, et lorsque la paix fut publiée dans la ville, on y fit des feux de joie. Les députés ayant amené leurs otages le 13, supplièrent le roi d'honorer leur ville de sa présence; il y vint le lendemain et fut fort bien reçu. Il visita le fort des Moulins, la tour Magne et les Arènes, et en partit le 15 pour retourner en France.

Je passai encore trois jours à Nîmes et me rendis à Montpellier où M. le cardinal nous traita, puis nous mena voir le jardin du roi. Je fus visiter la citadelle et me promener à l'Esplanade avec les dames. Le dimanche, Fossé, gouverneur de la ville, festina MM. de Montmorency, Bordeaux et les trois maréchaux. L'évêque, au nom du clergé, vint haranger en latin M. le cardinal.

Le mardi, nous fûmes visiter l'église que l'on faisait rebâtir, où je pris une chapelle. Le 26, la place de la maison de ville fut résolue, les bâtiments de l'Esplanade l'avaient été quelques jours auparavant. M. le cardinal partit et alla coucher à Frontignan. Je demeurai pour dire adieu à l'évêque et à mes amis. Le 28, les députés de Montauban arrivèrent, en refusant la paix, sinon en conservant leurs fortifications; M. le cardinal, qui était malade, dit que c'était à moi à les faire obéir ou à les assiéger. Je partis, avec l'armée, pour aller investir cette ville rebelle ; mais comme j'approchai, les habitants voyant leur perte évidente, acceptèrent les conditions que je leur avais envoyées ; ils nommèrent même une députation honorable pour aller vers M. le cardinal, mais ensuite ils ne voulurent plus tenir l'accord que leurs députés avaient fait, parce qu'on avait désarmé ceux de Caussade, et sur l'insolence de quelques soldats.

Le 17, tout fut raccommodé par l'industrie de Guron ; ils m'envoyèrent l'assurance de tenir parole, me priant de venir en leur ville : ils étaient en peine de ce que le parlement de Toulouse n'avait pas encore voulu vérifier l'édit de la paix que le roi avait accordée à ceux de la religion (protestante). J'en écrivis en termes bien pressants, et enfin, cet édit me fut envoyé à Villemur par le premier huissier du parlement. Ceux de Montauban jurèrent alors la paix, firent des feux de joie et tirèrent leurs canons. J'y arrivai le 18 et l'on me reçut avec grande joie ; on me donna les otages que je voulus et les envoyai à Villemur, dans le château. Le lendemain dimanche, je mis mes gardes aux portes du prêche afin qu'il se fît librement et sans scandale, puis je fis entrer trente compagnies avec tant d'ordre qu'aucun soldat n'entra dans aucune maison. Le 20, M. le cardinal y arriva et alla descendre à l'église où le *Te Deum* fut chanté. Le 22, j'en fis sortir toutes les troupes qui s'y étaient fort bien comportées. MM. de la ville m'avaient prié de demeurer jusqu'au lendemain pour me faire passer par-dessus le bastion du Moustié qu'ils avaient en deux jours tellement rasé, que l'on n'eût su dire où il était; on avait comblé le fossé et tout était uni.

Je partis de Montauban le 23 août et arrivai le 13 septembre à Fontainebleau. Quasi toute la cour vint au-devant de M. le cardinal qui descendit chez la reine-mère; elle le reçut très-froidement. M. le cardinal m'ayant ensuite présenté à elle, ne me dit pas un mot, non plus qu'au maréchal de Schomberg; peu après le roi arriva et fit un excellent accueil à M. le cardinal qui mena Sa Majesté au cabinet de la reine et se plaignit du mauvais procédé de la reine sa mère, lui demandant permission de se retirer de la cour; la brouillerie dura encore tout le lendemain, toutefois, il y eut le soir tant d'allées et de venues, et le roi mit tant de zèle à ce raccommodement qu'il y réussit, le samedi 15, au grand contentement de toute la cour qui demeura quelque temps encore à Fontainebleau et revint à Paris peu avant la Toussaint. Monsieur frère du roi, qui s'était retiré en Lorraine, se remit par l'entremise de la reine-mère aux bonnes grâces de Sa Majesté. Je partis ensuite pour une ambassade en Suisse et M. le cardinal pour un voyage en Italie. Avant son départ, il fit un superbe festin au roi et aux reines; il partit de la cour le 29 décembre et me recommanda de me trouver à Lyon à son arrivée.

1630. — Bassompierre, ambassadeur en Suisse.

Je commençai l'année 1630 par l'acquisition de Chaillot, et ayant réglé mes affaires je partis de Paris le 16 janvier, comme ambassadeur extraordinaire en Suisse. Le 21, j'arrivai à Lyon où je trouvai M. le cardinal et le comte de Saint-Maurice, qui venait lui offrir passage par les Etats du duc, son père, et une entrevue au pont de Beauvoisin avec le prince de Piémont. M. le cardinal demanda notre avis; je trouvai la proposition acceptable et propre à amener la paix; mais M. de Schomberg pensa différemment sous prétexte que l'honneur de la France s'y trouvait compromis, et M. le cardinal suivit son avis. Le 28, le sieur Julio Mazarini arriva à Lyon de la part du nonce Pauzirole, que le Pape avait envoyé pour traiter de la paix. J'en partis deux jours après et j'arrivai à Soleure le 12 février. Le nonce résidant à Lucerne m'y envoya saluer, et beaucoup de députés y vinrent des divers cantons.

Le 4 mars, toute l'assemblée des députés, précédée des massiers, vint me saluer en mon logis. J'appris que le chancelier d'Alsace, ambassadeur de toute la maison d'Autriche, était arrivé à Soleure sans me rien mander, ni envoyer visiter contre l'usage des ambassadeurs. J'entrepris de lui faire refuser audience de la part de l'assemblée. On me dit que je n'y réussirais pas à cause des partisans de l'Espagne et que l'affront retomberait sur moi. Je fis sonder les députés et le lendemain, jour de Saint-Ours, patron de Soleure, j'envoyai dire à la diète, qu'ayant convoqué les députés de tous les cantons, au nom du roi, et pour le bien de la république et de la France, j'avais appris que l'ambassadeur de toute la maison d'Autriche était venu pour troubler ma négociation, que je requérais qu'il ne fût pas admis et qu'en cas contraire, ou je convoquerais une autre diète, ou je m'en passerais tout à fait. Sur cette déclaration, il y eut grandes contestations dans l'assemblée entre les partisans de la maison d'Autriche et ceux affectionnés à la France. On en vint ensuite aux opinions qui furent en ma faveur, et le chancelier d'Alsace se retira, déclarant que les Suisses étaient en l'indignation de toute la maison d'Autriche. La diète finit le 8, et l'assemblée vint en corps me donner réponse et prendre congé de moi; puis, chaque canton catholique, et le lendemain, les cantons protestants vinrent prendre congé et parler de leurs affaires. Le 19, ayant eu dépêche de M. le cardinal que les affaires étaient plutôt à la rupture qu'à l'accommodement, j'envoyai aux petits cantous pour préparer la levée ; enfin, le mercredi saint, 27, comme j'étais à l'office des Ténèbres, aux Cordeliers, un courrier de M. le cardinal m'apporta la nouvelle de la rupture du traité de Savoie, et l'entrée de l'armée du roi dans le Piémont pour assiéger Pignerol, avec ordre de mettre promptement six mille Suisses sur pied avec une patente de général pour la conquête de la Savoie. Le lendemain, jeudi saint, je fis mes Pâques et quittai Soleure le 20 avril.

Le 4 mai, je reçus ordre du roi de venir le trouver à Lyon où il était arrivé pour faire en personne la conquête de la Savoie. Nous fûmes de là à Grenoble, puis à Chambéry qui capitula le 16, et le lendemain le château se rendit. Le roi y vint le 18, et le jour d'après, fête de la Pentecôte, je communiai avec lui. Il me donna ordre de m'avancer dans l'intérieur de la Savoie pour aller attaquer le prince Thomas qui gardait les montagnes. Nous parvînmes cependant à traverser avec des peines incroyables, malgré la neige et la chaleur, les cols de la Balme, de la Lossa, celui de Balmes, le Grand-Cœur, le Petit-Cœur, et nous tombâmes sur Moutiers qui se rendit à nous. J'occupai le Pas-du-Ciel et revins à Moutiers si fatigué que je ne pouvais mettre un pas devant l'autre, ayant fait ce jour-là plus de douze lieues françaises à pied, toujours montant et descendant. Le roi et M. le cardinal vinrent nous y rejoindre. Quelque temps après, nous revînmes à Chambéry et de là à Lyon.

1630-1631. — Brouillerie du cardinal avec la reine-mère. — La cour à Saint-Germain, puis à Senlis. — Disgrâce de la reine-mère. — Bassompierre est arrêté et enfermé à la Bastille.

Je partis de cette ville le 17 août et vins à Paris faire bâtir Chaillot; mais à un mois de là, ayant appris que le roi était dangereusement malade, je pris la poste et revins à Lyon; il fut bien aise de me voir, et moi ravi de le trouver hors de danger. M. le cardinal me reçut très-bien, mais le lendemain j'aperçus en lui quelque froideur pour moi. J'en demandai la cause à M. de Châteauneuf qui me dit que l'on avait donné avis à M. le cardinal que j'étais porteur de quelques paroles de Monsieur à la reine-mère et de l'ordre de l'arrêter en cas de mort du roi et autres faussetés comme je le fis connaître à M. de Châteauneuf d'abord, et ensuite à M. le cardinal lui-même qui parut satisfait. Dieu ayant guéri le roi qui avait été encore bien malade, il partit pour Paris où je revins aussi, et peu après la Toussaint les reines s'y rendirent. La reine-mère, à son retour, vint au Luxembourg, et pendant plusieurs jours on ne la vit point. Le roi, venu de Versailles pour la voir, logea à l'hôtel des Ambassadeurs qui était tout près, et M. le cardinal se fixa au Petit-Luxembourg. J'ai su depuis qu'il était quelquefois brouillé avec la reine, et d'autrefois en parfaite intelligence avec elle; souvent le roi faisait des plaintes à la reine sa mère de M. le cardinal et réciproquement la reine au roi; elle voulait se brouiller ouvertement avec lui et sortir de sa tutelle, c'étaient ses mots. Le roi l'avait plusieurs fois engagée à différer cette rupture.

Le 10 novembre, le roi étant venu le matin trouver la reine sa mère, je l'y accompagnai; ils s'enfermèrent tous deux dans son cabinet : le roi venait la prier de suspendre encore six semaines ou deux mois d'éclater contre M. le cardinal pour le bien des affaires de son Etat qui étaient dans un moment de crise. Comme ils étaient sur ce discours, M. le cardinal arriva, et ayant trouvé la porte de l'antichambre fermée, il entra dans la galerie et vint heurter à la porte du cabinet où personne ne répondit; impatient d'attendre et connaissant la maison, il passa par la petite chapelle dont la porte n'avait pas été fermée. Le roi, un peu étonné, dit à la reine : — Le voici ! » croyant bien qu'il éclaterait. M. le cardinal, qui s'aperçut de cet étonnement, leur dit en entrant : — Je suis sûr que vous parliez de moi. » La reine lui répondit : — Non, certes. — Avouez-le, Madame, reprit le cardinal. » Alors elle parla contre lui avec aigreur, lui déclarant qu'elle ne voulait plus se servir de lui, et diverses autres choses. Elle continua, malgré l'arrivée de M. Boutillier, jusqu'à ce que le roi allât dîner et que M. le cardinal le suivît.

Plusieurs fois déjà le roi avait essayé de réconcilier son frère avec M. le cardinal. Un jour que Monsieur était venu voir Sa Majesté, elle envoya quérir M. le cardinal et le présentant à Monsieur son frère, le pria de l'aimer et de le retenir pour son serviteur, ce qu'il promit assez froidement. M. le cardinal, auprès de qui j'étais, me dit : — Monsieur se plaint de moi et Dieu sait s'il en a sujet ; mais les battus paient l'amende. » Il ne me dit rien alors de sa brouillerie avec la reine-mère et madame la princesse de Conti, que je vis, l'ignorait complétement. Le lendemain, le roi me dit qu'il retournait à Versailles. N'ayant point encore vu M. le cardinal chez lui, depuis son arrivée, je me rendis à son logis vers midi pour y dîner. On me dit qu'il n'y était pas et qu'il partait ce jour-là pour Pontoise. Jusque-là je ne me doutais de rien et moins encore quand, étant entré au Luxembourg et M. le cardinal y arrivant, je le conduisis jusqu'à la porte de la reine. Alors il me dit : — Vous ne ferez plus de cas d'un défavorisé comme moi ; » je crus qu'il voulait parler du mauvais accueil que Monsieur lui avait fait, et je voulais l'attendre pour aller dîner avec lui ; mais M. de Longueville m'entraîna dîner chez M. de Créqui avec Monsieur comme il m'en avait prié. Comme nous y fûmes, M. de Puylaurens me dit : — Eh bien, c'est tout de bon, cette fois, que nos gens sont brouillés ; car la reine-mère dit hier ouvertement à M. le cardinal, qu'elle ne voulait plus le voir. » Je fus très-étonné de cette nouvelle que M. de Longueville me confirma.

Le 14, Lopès me vint voir le matin et me dit que je ferais bien d'aller à Versailles voir le roi et M. le cardinal. Je voulus avant saluer M. de Châteauneuf, nouveau garde des sceaux qui était mon ami. Je lui demandai si j'étais bien ou mal à la cour ; il me dit qu'il ne s'était aperçu de rien contre moi ; mais que je ferais bien de m'aller présenter ; ce que je fis. Etant entré en la chambre du roi, dès qu'il me vit il dit si haut que je le pus entendre, — « Il est arrivé après la bataille, » et ensuite me fit fort mauvais accueil. Je ne laissai point de faire bonne mine comme s'il n'y eût rien eu. Enfin le roi me dit qu'il serait le lundi à Saint-Germain, et que j'y fisse trouver sa garde suisse. J'entendis en même temps que Saint-Simon, premier écuyer, dit à M. le comte : — « Ne le priez point à dîner, ni moi aussi, qu'il s'en aille comme il est venu. » L'insolence de ce petit punais me mit en colère dans le cœur ; mais je ne le fis pas voir ; car les rieurs n'étaient pas pour moi, je ne sais pourquoi. Néanmoins, M. le comte me dit : — « Si vous voulez dîner chez moi, j'ai là haut trois ou quatre plats que nous mangerons. » Je lui répondis : — « Monsieur, je donne aujourd'hui à dîner à Chaillot, à MM. de Créqui, de Saint-Luc, et au comte de Saulx, qui m'y attendent, je vous rends très-humbles grâces. » Sur cela, M. le cardinal arriva; il fit le froid et me parla assez indifféremment, puis entra dans le cabinet avec le roi. Je me mis à parler avec M. le comte, et en même temps Armagnac me vint dire de la part de M. le cardinal, si je voulais venir dîner avec lui; mais comme j'avais déjà refusé à M. le comte devant qui il me parlait, je lui fis la même excuse dont M. le cardinal s'offensa et le dit au roi.

Le 18, lé roi arriva à Saint-Germain et il m'y fit le plus mauvais visage du monde. J'y revins le 20; il ne me fit pas meilleur accueil. Les reines y vinrent aussi, il leur fit beaucoup d'honneur, peu de privauté. Je fus trois semaines à Saint-Germain sans que le roi me dît un mot que celui du guet. M. d'Epernon y vint et fut fort bien reçu tant du roi que de M. le cardinal; mais moi toujours de même. Cependant ce dernier me pria de donner à dîner à M. d'Epernon parce qu'il était au lit; à quoi je m'étais préparé, car il me l'avait envoyé dire. Sur ces entrefaites, Puylaurens et le Coigneux s'accordèrent avec M. le cardinal, qui leur fit donner par le roi à chacun cent mille écus au moins, et à ce dernier la charge de président de la cour, qui vaut bien cela. Cet accord se fit par M. de Rambouillet qui devait aussi en avoir trente mille. Il fut encore promis à Puylaurens qu'on le ferait duc et pair. Sur cela, Monsieur vint trouver le roi qui lui fit fort bon visage. Il fut voir aussi M. le cardinal ; tout prenait un assez bon train, car le cardinal Bagny entreprit l'accommodement de M. le cardinal avec la reine-mère qui le fut voir au sortir de chez M. le Prince, de qui il tint sur les fonts le second fils ; mais la réconciliation ne parut pas entière. La reine-mère eut nouvelle de la détention du maréchal de Marillac, qui arriva peu après que Cazal eut été secouru par l'armée du roi, et que la paix eut été jurée. En ce même temps Béringhen fut renvoyé de la cour : Jaquinot eut défense d'y venir ; M. Servien fut fait secrétaire d'Etat ; M. de Montmorency maréchal de France, et M. de Thoiras aussi. M. d'Effiat, fâché de ne pas l'être, se retira en sa maison de Chilly, d'où peu après il revint et fut fait maréchal de France. Le roi vivait froidement avec les reines et ne leur parlait quasi point au cercle quand nous entrâmes en l'année 1631.

Monsieur quitta la cour au commencement du mois de février ; il alla d'abord trouver M. le cardinal en son logis et lui dit qu'il renonçait à son amitié. J'étais chez le président de Chevry, quand j'en sus la nouvelle, et m'en allai à l'heure même trouver M. le cardinal et savoir ce que j'avais à faire, comme au premier ministre en l'absence du roi. Il me dit que ce soir même le roi serait à Paris, et qu'il avait envoyé au galop M. Boutillier, tant pour l'avertir du départ de

Monsieur que pour lui conseiller de venir à Paris. Il y vint en effet, descendit chez M. le cardinal, où tout le monde se trouva, et de là il alla chez la reine-mère, me faisant mettre dans son carrosse. Il me donna un sanglier qu'il avait pris le jour même, et me fit très-bonne grâce. Il me dit en allant au Louvre, qu'il allait quereller la reine sa mère d'avoir fait sortir de la cour Monsieur son frère. Je lui dis qu'elle serait blâmable si elle l'avait fait, et que je m'étonnais fort qu'on lui eût conseillé telle chose. Il me répondit : « Si assurément, pour la haine qu'elle porte à M. le cardinal ». Sur cela, il entra chez la reine sa mère qui avait ce jour-là pris une médecine. Peu de jours après, le roi résolut d'aller passer son carême-prenant à Compiègne, et les reines l'y voulurent suivre. La veille qu'il partit pour y aller, il me donna encore une hure de sanglier de sa chasse , me promettant qu'à Compiègne il me ferait un don pour accommoder mes affaires, gênées des extrêmes dépenses que j'avais faites, l'année précédente, en Savoie.

Les reines partirent le lendemain, 17 février, pour s'acheminer à Compiégne, où la reine-mère fut sollicitée par le roi de s'accommoder avec M. le cardinal. Mais, comme elle est très-entière et opiniâtre, que la plaie était encore récente, elle n'y put être portée.

Le dimanche 23, je dînai chez M. le maréchal de Créqui, et de là, m'en allant à la place Royale, chez M. de Saint-Luc, je m'accrochai avec le charriot qui portait dans la Bastille, le lit de l'abbé de Foix, qui y avait été mené prisonnier le matin; ce qui me fit savoir sa prise. Sur le soir, j'attendais l'heure d'aller à la comédie chez M. de Saint-Géran, qui la donnait ce soir-là, quand M. d'Épernon m'envoya prier de venir jusque chez madame de Choisi, où il était; il me dit que la reine-mère avait été arrêtée le matin même à Compiègne, d'où le roi était parti pour venir coucher à Senlis; que madame la princesse de Conti avait eu ordre, par une lettre du roi, que M. de la Ville-aux-Clercs lui avait portée, de s'en aller à Eu, que le roi avait fait madame de la Flotte dame d'atours de la reine, et mademoiselle de Hautefort fille de la reine sa femme; que toutes deux étaient venues à Senlis avec elle, et que le premier médecin de la reine-mère, M. Vautier, avait été amené prisonnier à la suite du roi; et, finalement, qu'il savait de bonne part qu'on avait mis sur le tapis de nous arrêter,, lui, le maréchal de Créqui et moi; qu'il n'y avait encore rien de conclu contre eux, mais qu'il avait été arrêté que l'on me ferait prisonnier le mardi, à l'arrivée du roi à Paris; ce dont il m'avait voulu avertir, afin que je songeasse à moi. Je lui demandai ce qu'il me conseillait de faire, et ce que lui-même voulait faire. Il me dit que, s'il n'avait que cinquante ans, il ne serait pas une heure à Paris, et qu'il se mettrait en lieu de sûreté, d'où après, il pourrait faire la paix; mais qu'étant proche de quatre-vingts ans, il se sentait bien encore assez fort pour faire une traite, mais qu'il craindrait de demeurer en route le lendemain. C'est pourquoi, puisqu'il avait été si mal habile de venir encore faire le courtisan à son âge, il était temps de finir et qu'il mettrait tout en œuvre pour se rétablir, tant bien que mal, et puis s'en irait finir ses jours en paix dans son gouvernement. Mais, pour moi, qui étais encore jeune, en état de servir, et d'attendre une meilleure fortune, il me conseillait de m'éloigner, et de conserver ma liberté, et qu'il m'offrait cinquante mille écus pour passer deux mauvaises années, que je lui rendrais quand il en viendrait de bonnes. Je lui rendis très-humbles grâces de son bon conseil, et de son offre, et lui dis que ma modestie m'empêchait d'accepter le dernier et ma conscience d'effectuer l'autre, étant innocent de tout crime et n'ayant jamais fait aucune action qui ne méritât plutôt récompense que punition. Qu'il a paru que j'ai toujours plus recherché la gloire que le profit, et que, préférant mon honneur, non-seulement à ma liberté, mais à ma propre vie, je ne me mettrais jamais en compromis, par une fuite qui pourrait faire soupçonner ma probité; que depuis trente ans je servais la France, et m'y étais attaché pour faire ma fortune, que je ne voulais point, maintenant que j'approche l'âge de cinquante ans, en chercher une nouvelle; qu'ayant donné au roi mon service et ma vie, je lui pouvais bien donner aussi ma liberté, qu'il me rendrait bientôt quand il jetterait les yeux sur mes services et ma fidélité; qu'au pis aller, j'aimais mieux vieillir et mourir dans une prison, innocent, et mon maître ingrat, que de me faire croire coupable par une fuite inconsidérée. Que je ne pouvais imaginer qu'on voulût me mettre en prison n'ayant rien fait; ni m'y retenir quand on ne trouvera aucune charge contre moi; mais que quand on voudrait faire l'un et l'autre je le souffrirais avec constance et modération, et qu'au lieu de m'éloigner, je me résolvais de m'aller présenter au roi à Senlis, dès demain matin, ou pour me justifier, si l'on m'accuse, ou pour entrer en prison si l'on me soupçonne, ou même pour mourir si on avère les doutes que l'on a pu prendre de moi, et que la rage de mes ennemis pousse jusqu'à cette extrémité.

Comme j'achevais ce discours, M. d'Épernon, les larmes aux yeux, m'embrassa et me dit : — « Je ne sais ce qui vous arrivera, et je prie Dieu de tout mon cœur que ce soit tout bien; mais je n'ai jamais connu gentilhomme mieux né que vous, ni qui mérite mieux bonne fortune. Vous l'avez eue jusqu'ici, Dieu vous la conserve. Bien que j'appréhende la résolution que vous avez prise, je l'approuve néanmoins et vous conseille de la suivre, ayant ouï et pesé vos raisons. » Il me pria ensuite de n'éventer point cette nouvelle, qui bientôt serait publique, et me pria de venir au sortir de la comédie souper chez madame de Choisy, où il l'avait fait apprêter. Nous allâmes à la fête chez M. de Saint-Géran, où je trouvai M. le maréchal de Créqui, à qui M. d'Épernon dit devant moi ce que je voulais faire ; il l'approuva, et dit que pour lui il ferait ce qu'il pourrait pour détourner l'orage ; mais qu'il l'attendait. Peu après, Madame la comtesse divulgua l'arrêt de la reine-mère. Nous ouïmes la comédie, vîmes le bal ; et à minuit nous vînmes souper chez madame de Choisy, où M. de Chevreuse vint ; il ne fut guère touché de l'éloignement de sa bonne sœur de la cour, et fut aussi gai que de coutume. Comme nous nous retirions, M. du Plessis-Praslin y arriva, et dit à M. de Chevreuse, de la part du roi, que non par haine de sa maison, mais pour le bien de son service, il avait éloigné Madame sa sœur d'auprès de la reine sa mère.

Le lendemain, je me levai avant le jour et brûlai plus de six mille lettres, appréhendant que, si l'on me prenait dans ma maison, on n'y trouvât quelque chose qui pût nuire à quelqu'un. Je mandai à M. le comte de Grammont que je m'en allais trouver le roi à Senlis, et que s'il y voulait venir je l'y mènerais ; ce qu'il fit volontiers ; et, l'étant venu prendre en son logis, il monta en mon carrosse, et nous allâmes jusqu'au Louvre, où nous trouvâmes M. le comte,

M. le cardinal de la Valette et M. de Bouillon, qui montaient en carrosse pour passer à Senlis. Il voulut que M. de Grammont et moi nous nous missions dans son carrosse pour y aller de compagnie, et me dit que je me vinsse chauffer, puis, en montant en la chambre avec moi, il me dit : — « Je sais assurément que l'on veut vous arrêter ; si vous m'en croyez, vous vous retirerez, et si vous voulez, voilà deux coureurs qui vous mèneront bravement à dix lieues d'ici. » Je le remerciai très-humblement et lui dis que, n'ayant rien sur ma conscience de sinistre, je ne craignais rien aussi, et que j'aurais l'honneur de l'accompagner à Senlis où, étant arrivés, nous trouvâmes le roi avec la reine, sa femme, dans sa chambre, et madame la princesse de Guémenée. Il vint à nous, et nous dit : — « Voilà bonne compagnie. » Ensuite ayant un peu parlé à M. le comte et à M. le cardinal de la Valette, il m'entretint assez longtemps, me disant qu'il avait fait ce qu'il avait pu pour porter la reine sa mère à s'accommoder avec M. le cardinal ; mais qu'il n'avait rien gagné, il ne me dit rien de madame la princesse de Conti. Puis je lui dis que l'on m'avait donné avis qu'il me voulait faire arrêter et que je l'étais venu trouver afin que l'on n'eût point de peine à me chercher, et que si je savais où l'on voulait me mettre j'irais moi-même, sans que l'on m'y menât. Il me dit là-dessus ces mots : — « Comment, Betein, aurais-tu la pensée que je le voulusse faire? tu sais bien que je t'aime » ; et certes je crois qu'à cette heure-là il le disait comme il le pensait. Sur cela on vint lui dire que M. le cardinal était en sa chambre, il prit congé de la compagnie et me dit de faire le lendemain matin, de bonne heure, marcher la compagnie qui était en garde, afin qu'elle la pût faire à Paris; puis me donna le mot. Nous demeurâmes quelque temps chez la reine, et ensuite nous vînmes tous souper chez M. de Longueville, et de là nous retournâmes chez la reine, où le roi était venu après souper. Je vis bien qu'il y avait quelque chose contre moi; car le roi baissait toujours la tête, jouant de la guitare sans me regarder, et en toute la soirée ne me dit jamais un mot. Je le dis à M. de Grammont, en nous allant coucher en un logis qu'on nous avait préparé.

Le lendemain, mardi 25e jour de février, je me levai à six heures du matin ; et comme j'étais devant le feu, en robe de chambre, le sieur de Launay, lieutenant des gardes du corps, entra dans ma chambre et me dit : — Monsieur, c'est avec la larme à l'œil et le cœur qui me saigne, que moi, qui depuis vingt ans suis votre soldat, et ai toujours été sous vous, sois obligé de vous dire que le roi m'a commandé de vous arrêter. » Je ne ressentis aucune émotion à ce discours, et lui dis : — « Monsieur, vous n'y aurez pas grand peine, étant venu exprès à ce sujet, comme l'on m'en avait averti. J'ai été toute ma vie soumis aux volontés du roi, qui peut disposer de moi et de ma liberté. » Sur quoi je lui demandai s'il voulait que mes gens se retirassent ; mais il me dit que non, et qu'il n'avait autre charge que de m'arrêter, et puis de l'envoyer dire au roi, et que je pouvais parler à mes gens, écrire et mander tout ce que je voudrais, que tout m'était permis. M. de Grammont alors se leva du lit, et vint à moi en pleurant ; je me mis à rire, et lui dis que s'il ne s'affligeait de ma prison non plus que moi, il n'en aurait aucun ressentiment ; comme de vrai je ne m'en mis pas beaucoup en peine, ne croyant pas y demeurer longtemps. Launay ne voulut jamais qu'aucun de ses gardes qui étaient avec lui entrât dans ma chambre. Peu après arrivèrent devant mon logis un carrosse du roi, ses mousquetaires à cheval, et trente de ses chevau-légers. Je me mis en carrosse, avec Launay seul, et rencontrai en sortant Madame la Princesse, qui se montra touchée de ma disgrâce. Puis, nous marchâmes toujours deux cents pas devant le roi, jusqu'à la porte Saint-Martin, que je retournai à gauche ; et passant par la place Royale, on me mena dans la Bastille, où je mangeai avec le gouverneur, M. du Tremblay, et après il me mena dans la chambre où était autrefois M. le Prince, dans laquelle on m'enferma avec un seul valet.

Le 26, M. du Tremblay me vint voir et me dit

de la part du roi, qu'il ne m'avait fait arrêter pour aucune faute que j'eusse faite, et qu'il me tenait pour son bon serviteur; mais de peur que l'on ne me portât à mal faire, et que je n'y demeurerais pas longtemps : j'en eus beaucoup de consolation. Il me dit, de plus, que le roi lui avait commandé de me laisser toute liberté, hormis celle de sortir; que je pouvais prendre avec moi tels de mes gens que je voudrais et me promener par toute la Bastille. Il ajouta encore à mon logement une autre chambre auprès de la mienne pour mes gens. Je ne pris que deux valets et un cuisinier, et fus plus de deux mois sans sortir de ma chambre, et je n'en fusse point du tout sorti, si le ventre ne m'eût enflé, de telle sorte que je crus mourir deux jours après mon emprisonnement. Je fis savoir si le roi avait agréable que mon neveu de Bassompierre le vît, il me fit répondre que non-seulement il l'agréait, mais qu'il le désirait, et qu'il aimait mon neveu pour l'amour de lui-même, aussi bien qu'à ma considération.

Le roi partit, incontinent après le carême-prenant, pour aller à Orléans forcer Monsieur son frère de le venir trouver. Mon neveu fit demander encore au roi ce qu'il lui plaisait qu'il fît, et le roi lui fit dire qu'il serait bien aise qu'il vînt à ce voyage avec lui : sur quoi je le fis mettre en très-bon équipage et l'envoyai à la suite. Monsieur, frère du roi, sentant le roi venir et s'approcher de lui, ne le voulut attendre et s'en alla par la Bourgogne à Besançon avec MM. d'Elbeuf et de Bellegarde. Le roi le suivit jusqu'à Dijon, et s'en retournant à Chanceaux, on fit dire à mon neveu que le roi n'agréerait pas qu'il le suivît, ni même qu'il demeurât en France; mais qu'il trouvait bon qu'il vînt prendre congé de lui : ce qu'il fit, et se retira vers son père en Lorraine. Le roi vint près de Paris, et je fis solliciter ma liberté ; mais ce fut en vain. Cependant la reine-mère qu'on avait sollicitée de se retirer à Moulins ou à Château-Thierry, se rendit à Bruxelles, ce qui fut cause qu'on saisit son douaire.

1632-1638. — Affaire de Castelnaudary, prise du duc de Montmorency. — Fausses espérances de Bassompierre. — Nouvelles arrestations. — Disgrâce du duc de Puylaurens. — Consécration de la France à la sainte Vierge. — Scandale à cette occasion. — Reprise des îles de Lerins sur les Espagnols (1637). — Naissance de Louis XIV (1638).

Au commencement de l'année 1632, peu après le retour du roi de son voyage de Metz, on me donna quelque espérance de liberté; mais elle redoubla mes peines, car je vis bien ensuite que l'on ne voulait pas m'élargir. J'eus, pour comble de maux, la mort de mon frère qui survint bientôt après. M. le cardinal fut fait gouverneur de Bretagne, et le maréchal de Marillac ayant été longtemps détenu à Sainte-Ménehould où l'on instruisait son procès, fut enfin amené à

Ruel où il fut jugé le 8 mai et exécuté en Grève le lundi suivant. Force pratiques se firent en France en faveur de Monsieur, principalement dans le Languedoc, où M. de Montmorency se révolta, attirant avec lui plusieurs villes, seigneurs et autres partisans. D'autre côté, le roi doutait de l'Angleterre et du duc de Savoie qui souffrait impatiemment que la ville de Pignerol demeurât entre les mains du roi. Il était venu par mer huit mille Italiens ; on levait aussi des Espagnols ; M. de Lorraine était puissamment armé sous prétexte des Suédois qui avoisinaient son pays ; mais le roi se doutait que ce fût en faveur de Monsieur, dont on lui avait dit que le mariage se préparait avec la princesse Marguerite, sœur dudit duc. Monsieur, de son côté, avait deux mille chevaux sur pied, et quelque infanterie ; de sorte que tout cela donnait à penser au roi, qui ne put être persuadé de se saisir de la personne de M. de Montmorency, il l'envoya au contraire en son gouvernement. Mais il se joignit à Monsieur avec force troupes de pied et de cheval. Monsieur envoya de Beaucaire M. d'Elbeuf pour s'opposer au maréchal de la Force, tandis qu'il vint attaquer M. de Schomberg qui avait assiégé Saint-Félix-de-Caraman, qu'il prit, et voulant se retirer à Castelnaudary, il trouva Monsieur en tête avec des forces beaucoup plus grandes que les siennes : M. de Moret, ayant voulu aller voir repousser l'ennemi, fut rapporté mort, et M. de

Montmorency, pensant être suivi du reste de l'armée, qui ne bougea pas, chargea avec cinquante ou soixante chevaux, fit des merveilles ; mais enfin son cheval fut tué, et lui blessé de vingt coups et mené prisonnier à Castelnaudary. L'armée de Monsieur, étonnée de ces deux grandes pertes, se retira peu après sans combattre. Le roi, qui reçut à Lyon les nouvelles de ce succès, envoya Aiguebonne trouver Monsieur son frère et lui offrir des avantages qu'il accepta. Puis, Sa Majesté passa à Beaucaire, à Montpellier, Pézenas et Béziers, où il fit faire quelques exécutions. Etant arrivé à Toulouse, il traita mal ceux de la ville qui avaient trop témoigné leur affection à M. de Montmorency qui avait été transporté à Lectoure. Le roi le fit amener à Toulouse, et la veille de la Toussaint, dernier jour d'octobre, lui fit trancher la tête dans l'hôtel de ville de Toulouse (1), d'où il partit le lendemain, après avoir fait M. de Brezé maréchal de France, pour s'en revenir vers Paris par Limoges ; la reine et M. le cardinal s'en retournant par Bordeaux et par la Rochelle.

Monsieur, frère du roi, qui n'avait traité, à ce qu'il disait, que sous l'espoir de la délivrance de M. de Montmorency, ayant su qu'il avait eu la tête tranchée, se retira à grandes journées au

(1) Voir les détails de cette exécution dans les *Mémoires du chevalier de Pontis*, faisant partie de la *Bibliothèque de la Famille*.

comté de Bourgogne, et de là alla en Flandre.

La reine, avec M. le cardinal, M. le garde des sceaux et M. de Schomberg, s'embarqua sur la Garonne à Toulouse et vint descendre jusqu'à Cadillac, où M. le duc d'Épernon les reçut superbement ; puis arriva à Bordeaux, où M. le cardinal tomba malade. La reine passa à Blaye avec le garde des sceaux ; M. de Schomberg mourut d'apoplexie à Bordeaux, où il vint une si grande quantité de noblesse pour faire honneur à la reine, que cela mit en ombrage M. le cardinal, qui se fit aussitôt conduire à Blaye dans une barque. Cependant la reine'alla à la Rochelle, où M. le cardinal la fit superbement recevoir, et lui, à petites journées se fit porter à Richelieu, et vers la fin de l'année 1632, il vint trouver le roi à Dourdan, où toute la cour vint au-devant de lui.

Au commencement de l'année 1633, j'eus une grande espérance de ma liberté. M. de Schomberg m'avait fait dire, qu'au retour du roi on me sortirait de la Bastille : M. le cardinal l'ayant témoigné à plusieurs, et le roi s'en étant ouvert à quelques personnes, tous mes amis s'en réjouissaient avec moi, mais on fit servir le départ de Monsieur, frère du roi, de prétexte pour continuer ma détention, et au lieu de me délivrer, on m'ôta la partie de mes appointements, qui m'avait été payée les deux années précédentes, quoique prisonnier, le tiers de ce que j'avais accoutumé de tirer par an. Celà me fit bien voir qu'on voulait me laisser à la Bastille : aussi, dès lors, je n'espérais plus qu'en Dieu.

Au mois de février, M. le garde des sceaux commença à sentir le revers de la fortune, et à recevoir moins bon visage du roi et de M. le cardinal : ce qui continua, en sorte que le 25 février, à pareil jour que j'avais été arrêté deux ans auparavant, il fut mis prisonnier à Saint-Germain-en-Laye, et le lendemain conduit au château d'Angoulême, où il est demeuré. On prit en même temps son neveu de Leuville, le chevalier de Jas son confident, son secrétaire Menessier, Mignon et Joly. On délivra peu après ces deux derniers. On mit en liberté Menessier qui avait perdu le bon sens. Le chevalier de Jas fut mené dans la Bastille, mais il en fut retiré deux mois après, mené à Troyes, où son procès ayant été fait, il fut condamné à avoir la tête tranchée. Amené sur l'échafaud, on lui cria grâce ; ce fut une commutation de peine, car il fut ramené à la Bastille, où il a demeuré depuis. Quant au marquis de Leuville, il y est toujours resté. Sa Majesté donna les sceaux au président Séguier.

Le roi qui avait eu quelques nouvelles du mariage de Monsieur son frère avec la princesse Marguerite, sœur du duc de Lorraine, bien que les uns et les autres le lui eussent toujours nié, s'avança vers Châlons où le cardinal de Lorraine le vint trouver, et fut très-bien reçu de lui. Le lendemain étant au conseil pour traiter des affaires du duc son frère, le roi lui dit qu'il avait eu avis que depuis un an, sans son aveu, son frère s'était marié avec la princesse Marguerite, sœur du duc et la sienne, et qu'il désirait savoir ce qu'il en était. Le cardinal répondit que si on le lui eût demandé, il eût dit la vérité, ne sachant jamais mentir, et qu'il était vrai que le mariage avait été fait l'année précédente. Alors, le roi lui dit qu'il ne voulait aucun traité, et fit avancer ses troupes contre Nancy. Le duc se retira avec les siennes tandis que M. le cardinal faisait des allées et venues pour la paix. Bien que Nancy fût investi, la princesse Marguerite en sortit déguisée, et vint à Thionville, et Monsieur lui envoya, avec Puylaurens, ses carrosses et officiers pour l'amener à Bruxelles. Alors le roi vint assiéger Nancy et y faire une forte circonvallation, mais le cardinal de Lorraine conclut une paix, par laquelle le duc mit Nancy entre les mains du roi, outre les autres places qu'il lui avait données pour tenir en dépôt trois années durant ; le duc vint trouver le roi, puis, Sa Majesté entra dans Nancy où après avoir mis une forte garnison, il revint aux environs de Paris, où il finit l'année 1633.

A commencement de l'année 1634, on me fit dire de l'épargne que mes appointements de colonel des Suisses, de deux mille livres par mois, qui, en l'année précédente avaient été suspendus, étaient encore entre les mains du Trésorier, et que si j'en voulais faire dire un mot on croyait qu'ils me seraient payés. J'avais prémédité de garder le silence sur cette affaire, mais puisqu'on me donnait un avis qui peut-être venait de haut, j'eus craint que mon silence ne fût attribué à l'amour-propre ou au dépit ; ce qui fut cause que je priai le gouverneur de la Bastille de dire de ma part à M. le cardinal que je le tenais si généreux, qu'il n'avait pas voulu me faire ôter mes appointements avec ma liberté, et que je le priais de me procurer cette grâce auprès du roi, qu'il me donnât le moyen de pouvoir payer les arrérages des rentes que j'avais constituées en le servant. M. le cardinal me manda qu'il voulait m'obliger et qu'il espérait l'obtenir du roi ; il m'en fit même donner l'ordonnance. Mais, comme on la présenta devant M. le cardinal à M. de Bullion, pour la faire payer, celui-ci dit que le roi lui avait expressément défendu de la payer : sur quoi M. le cardinal, sans contester rompit l'ordonnance, et et je n'y pensai plus. Cependant, comme le roi était à Fontainebleau, M. le cardinal, qui est soigneux d'observer les paroles qu'il donne, parla au roi sur le rétablissement de mes appointements de colonel général des Suisses, et fit que le roi ordonna qu'ils me seraient payés. Je fis offrir de me défaire de madite charge. en prenant quelque récompense pour m'aider à payer mes dettes, et fis supplier M. le cardinal, par M. du Tremblay, de le faire agréer au roi : ce qu'il fit. M. du Tremblay proposa à Rochefort d'acheter cette charge dont j'avais autrefois refusé huit cent mille francs. Il agit vilainement pour l'avoir à quatre cent mille ; empêcha d'autres personnes d'en traiter avec moi et fit aussi que mes appointements deux fois promis me furent de nouveau refusés et je continuai mon misérable séjour à la Bastille avec grande gêne dans mes affaires domestiques.

Le jeudi 14, M. du Tremblay, gouverneur de la Bastille, me parla de vendre ma charge, et me dit que, si j'y voulais entendre, il voyait ma liberté assurée. Je lui répondis que j'avais toujours offert de la laisser à un des proches de M. le cardinal, pour le prix que Monseigneur le cardinal voudrait fixer, et que, pour un autre, ce serait au plus haut prix que je pourrais. Il me répondit qu'il ne pouvait pas dire pour qui c'était, mais qu'il y avait apparence qu'une telle charge tomberait en bonnes mains, et me fit bien comprendre que ce serait pour un de ses parents. Alors je consentis aux quatre cent mille livres offertes, pourvu que l'on me fît payer mes appointements de madite charge, qui m'étaient dus depuis ma captivité, ce qu'il me promit de représenter, et que, dès le lendemain matin il irait porter ma réponse au P. Joseph, son frère, qui était venu de Ruel exprès pour cette affaire. Le lendemain, il fut mandé de grand matin par M. le cardinal, pour l'aller trouver à Ruel, c'est pourquoi M. du Tremblay alla lui porter ma réponse, et la demande que je faisais des appointement échus de madite charge ; ce que le P. Joseph et MM. de Boutillier père et fils trouvèrent raisonnable, et me mandèrent par M. du Tremblay qu'ils étaient très-aises que je me fusse franchement porté à ce que l'on désirait de moi ; qu'ils feraient entendre ma réponse à M. le cardinal, qui en serait assurément satisfait : qu'ils traiteraient de mes appointements ; en sorte que j'en aurais contentement, et que j'eusse bonne espérance de ma prochaine liberté ; que tous trois entreprenaient mes affaires et s'en voulaient charger, partant que je les laissasse faire. M. du Tremblay me dit de plus de lui-même, qu'il ne pensait pas que je dusse être à Noël à la Bastille. Il me fit aussi soupçonner que ma charge de colonel général des Suisses tomberait entre les mains de M. de Pont-Château et en survivance à M. le marquis de Coislin, et M. le garde des sceaux de Séguier lui en fut rendre grâces deux jours avant l'année 1635, et m'en fit faire compliment par M. du Tremblay. Alors le bruit de ma sortie qui avait couru six semaines auparavant, augmenta si fort, que quantité de personnes venaient tous les jours voir à la Bastille si j'y étais encore, et l'on tenait pour assuré que l'on me ferait sortir aux Rois. Néanmoins cela tarda tout le mois de janvier à cause de la multitude des affaires qui ne permirent pas au P. Joseph de prendre l'ordre de M. le cardinal pour venir me parler, jusqu'au 27 janvier, qu'il en reçut le commandement. Le 29, arriva la nouvelle de la prise de Philisbourg sur le Rhin, par les troupes impériales, commandées par le colonel de Bamberg, qui en avait autrefois été gouverneur : ce qui l'occupa de telle sorte, qu'il remit à venir me parler au jour de la Chandeleur. Mais, par malheur, la veille, il tomba en allant voir les Bénédictines au Marais du Temple, et se blessa de telle sorte qu'il en fut plusieurs jours au lit.

Vers cette époque, sur quelques connaissances que le roi eut que le duc de Puylaurens traitait avec les étrangers et autres ennemis de l'État, contre les assurances qu'il avait données à Sa Majesté depuis sa dernière abolition, elle le fit arrêter dans son cabinet, par Gorde, capitaine aux gardes, qui le mena de là dans la chambre de M. de Chevreuse, au Louvre, et en même temps Charost, aussi capitaine aux gardes, arrêta dans la cour du Louvre Le Fargis et Coudray-Montpensier, qui, peu après, furent menés à la Bastille. On prit aussi en même temps Charnisay, Bezars, Guérinet, les deux frères Senantes, et du Plessis, gentilhomme du duc de Puylaurens, qui furent menés chez le chevalier du guet. Le roi parla à Monsieur et le satisfit.

On mena, avec grande escorte, le duc de Puylaurens et Le Fargis dans le bois de Vincennes, au donjon. Monsieur, frère du roi, fut voir M. le cardinal, et sortirent bien ensemble. On mit Brion à la place de Puylaurens au ballet du roi. On mena les deux Henauters à la Bastille, et on fit tout saisir chez Puylaurens. Madame Verderonne et ses deux fils, dont l'un était chancelier de Monsieur, eurent ordre de se retirer en leur maison de Stors.

Le 16, M. Boutillier me fit dire qu'il viendrait me trouver de la part du roi à sept heures du matin ; mais lui étant arrivé un courrier qui lui apporta nouvelle que M. de Lorraine était entré dans la Lorraine et était à Lunéville, comme aussi de la défaite de la compagnie du baron de Flesselières par les Impériaux, il en fut le matin porter la dépêche au roi et à M. le cardinal, et remit au soir, à quoi il ne manqua pas, sur les dix heures, et m'assura des bonnes grâces du roi et de M. le cardinal ; comme aussi de ma sortie, sans me spécifier le temps. Il me dit, de plus, que le roi nommait le marquis de Coislin pour être en ma place colonel général des Suisses, lequel me donnerait quatre cent mille livres comptant, et que pour ce qui concernait les gages et appointements qui m'étaient dus de ladite charge, mes amis, savoir son père, lui et le P. Joseph, n'en avaient voulu faire ouverture, remettant à moi-même d'en traiter après ma sortie : à quoi je n'eus autre chose à faire qu'à y acquiescer.

Le 25, M. le garde des sceaux dit à mon intendant qu'il me ferait donner deux cent mille livres comptant de ma charge de colonel général des Suisses, pour son beau-fils de Coislin, et qu'il entendait qu'ensuite je lui misse ma démission en main, et qu'à loisir il me ferait donner les deux autres cent mille livres : ce qui me mit en colère, et lui mandai que je ne donnerais point ma démission que je ne fusse entièrement payé. M. de Nevers, intendant, me vint voir, et je lui dis franchement ma résolution, pour la faire savoir à M. le garde des sceaux.

Le 15 de ce mois, jour de l'Assomption de Notre-Dame, le roi fit faire une procession solennelle à Paris, pour la dédicace qu'il fit de sa personne, de son royaume et de ses sujets, à la Vierge Marie. Il arriva ce jour-là un grand trouble et scandale dans l'église Notre-Dame de Paris, causé par ceux même qui devaient l'empêcher et le châtier, si d'autres l'eussent causé. Le parlement et la chambre des comptes ont accoutumé de marcher aux processions où ils assistent, le parlement à droite, et la chambre des comptes à la gauche : en sorte que les premiers présidents de l'une et l'autre marchent de front; et quand ils entrent dans le chœur de l'église de Notre-Dame, le parlement se met à la droite et la chambre des comptes à la gauche dans les bancs des chanoines. Quand c'est un *Te Deum*, les premiers présidents se mettent sur les sièges les plus proches de l'autel, et le reste de leurs corps ensuite, jusqu'aux places les plus rapprochées de la porte du chœur; si c'est une procession générale, les premiers présidents se mettent aux chaises près de la porte, et les corps ensuite jusqu'aux places finissant vers l'autel. Or, pour l'entrée il n'y a nul ordre, parce que chacun s'assemble au chœur sans cérémonie; mais quand il faut marcher pour aller à la procession, il faut nécessairement que les corps se croisent, pour reprendre l'un la main droite, l'autre la gauche. Le premier président de la chambre des comptes prétendit marcher après celui du parlement, quand il fallut sortir du chœur, et les présidents au mortier ne voulant laisser personne, que le gouverneur de Paris, entre leur premier président et eux, l'en empêchèrent. Sur quoi, les corps se mirent premièrement à se choquer, puis à se frapper, de sorte qu'il y eut un très-grand désordre dans l'église. M. de Montbason et plusieurs archers et autres, ayant mis l'épée à la main, ils firent informer de part et d'autre. Mais le roi, promptement averti de cet inconvénient, attira le tout à soi pour les régler ainsi qu'il aviserait être bon.

La perte de la Valteline et des Grisons fut préjudiciable à la France, mais la reprise des îles de Saint-Honorat et de Sainte-Marguerite, que les Espagnols laissèrent reconquérir aux Français, leur fera une gloire immortelle. Car, après que l'on eut mis, l'année précédente, une flotte très-grande en mer, qui avait heureusement passé le détroit et abordé aux côtes de Provence, où le roi avait plusieurs régiments sur pied, à dessein de reconquérir ces deux îles où les Espagnols s'étaient nichés, et puis ensuite fortifiés avec tout le soin et l'industrie imaginables ; la mauvaise intelligence des chefs de la marine, qui étaient le comte d'Harcourt (l'archevêque de Bordeaux avait le chiffre de la cour, et l'on se reposait sur lui de cette entreprise), et le maréchal de Vitry, gouverneur de Provence, qui des paroles en vint aux coups avec l'archevêque, fut cause que ce grand appareil ne produisit aucun effet, car la flotte ne sachant à quoi s'occuper, alla faire une descente en Sardaigne, d'où elle fut délogée avec les seules forces de l'île. Étant revenue diminuée et harassée, sans aucun secours de terre, elle résolut d'attaquer les îles de Saint-Honorat, et après plusieurs combats, tant à la descente qu'à l'attaque des forts, elle remit ces deux îles au pouvoir du roi, en ayant bravement chassé les Espagnols le 23 de mai. Je n'avais que faire de m'étendre sur cette affaire, mais j'ai pensé devoir dire cette brave action à l'honneur de la France, n'ayant rien à dire de moi, qui croupis dans ma misérable prison.

Le 5 septembre 1638, jour de dimanche, à 11 heures du matin, naquit M. le Dauphin, après avoir tenu la reine en travail presque cinq heures. Ce fut une réjouissance si universelle par toute la France, qu'il ne s'en était jamais vu une pareille. Les feux de joie durèrent plus de huit jours continuels. Il y eut ensuite, pour modérer cette joie, une facheuse nouvelle du côté de Fontarabie ; le siége ayant déjà duré plus de deux mois, on attendait tous les jours la prise, quand, au contraire, on reçut la nouvelle que les Espagnols avaient été assez légèrement abandonnés par les nôtres, avec une telle épouvante, que l'armée se retira en désordre, laissant tout le bagage et les canons au pouvoir des ennemis après avoir perdu huit cents hommes au combat, et près de deux mille noyés, et cela, la veille du jour qu'elle devait être prise, les assiégés ayant mandé à l'Amirante et au Marquis de Mortara, généraux de l'armée espagnole, qui depuis vint jours étaient campés devant nos retranchements pour tâcher de les secourir, que si, dans ce jour-là, ils ne tâchaient de faire un effort qui réussît, ils ne pouvaient plus tenir davantage. On avait, quatre jours auparavant, fait jouer une mine sous un bastion, qui l'avait entr'ouvert ; de sorte que l'on y pouvait facilement monter, à ce que ceux qui sont revenus de cette déroute témoignèrent ; mais M. le duc de la Valette, qui devait faire donner un rude assaut, ne le jugea pas à propos ce jour-là, et remit l'affaire au lendemain ; alors les ennemis eurent le loisir de se retrancher sur ladite brèche, et de reprendre tous leurs esprits, qui étaient à la mine tout éperdus, ce que ledit cardinal de la Valette ne dit pas, et allègue d'autres raisons. Aussi, M. le Prince lui ôta cette attaque et la donna à M. de Bordeaux son ennemi mortel qui l'accepta et se prépara avec tant de soin et de diligence, que l'on croit assurément que, le jour de la Notre-Dame de septembre, il eût emporté cette place, si, la veille, la déroute ne fût arrivée ; elle fut si grande, que, même deux jours après, les ennemis vinrent enlever une batterie de deux canons, qui était de l'autre côté de la rivière de Bidassoa, vers Saint-Jean-de-Luz. On envoya aussitôt de la cour, deux commissaires, pour savoir qui avait causé cette grande déroute. Chacun se déchargea sur M. de la Valette, qui fut en même temps mandé, pour venir rendre compte au roi de ses actions. Mais lui, voyant qu'il n'avait pas les rieurs de son côté, s'embarqua sur un vaisseau écossais, qu'il fit équiper en guerre, et s'en alla en Angleterre, où il fut bien reçu ; la reine-mère y était aussi arrivée, peu de temps auparavant. Mais, comme ils eurent, l'un et l'autre, de grandes tempêtes sur la mer, ils n'y abordèrent que le mois suivant.

Il se passe peu de mois, sans qu'il ne m'arrive quelque nouvelle disgrâce, outre mon malheur ordinaire. Le duc Charles que j'avais soigné tant qu'il était en France, jeune enfant, comme si j'eusse été son gouverneur, et de qui mon neveu de Bassompierre était tant passionné, qu'après avoir longtemps souffert ses extravagances, il a dépensé pour lui cent mille écus en le servant, et y a été prisonnier et estropié d'un bras, envoya le colonel Cliquot avec trois régiments d'infanterie, trois de cavalerie et deux pièces de canon prendre ma maison de Harouel, qui ne faisait point la guerre, et qui n'était point importante à ses affaires; afin que ce qui restait de ce misérable marquisat fût entièrement pillé et déserté. J'eus encore un déplaisir bien violent en mon particulier, car j'eus de grands ressentiments du coup de lance que j'avais reçu en mars 1595, parce que la plaie ulcéra de nouveau. Mais Dieu m'envoya bonne fortune par la connaissance d'une opératrice, nommée Giot, mère du premier sergent de la Bastille, qui commença le lundi 27 de ce mois à me mettre des emplâtres un mois durant, qui ont réduit cette grande cicatrice à un si petit point, que l'on dirait que ce n'a été qu'un coup d'épée.

J'eus nouvelle que mes sujets d'Harouel et de tout ce marquisat abandonnaient les villages, leur étant impossible de subsister, ayant sur les bras les troupes du duc Charles, qui tenaient le château, et celles du roi, qui, aux occasions, les traitaient comme ennemis, de telle sorte que le sieur Bellefons, maréchal de camp, vint la nuit surprendre le bourg même de Harouel et le pilla entièrement. Finalement, je reçus encore ce déplaisir, qu'un méchant homme, banquier lucquois, nommé Vannelli, à qui je ne devais rien, fit saisir sous une fausse lettre, qu'il simula, une belle tapisserie que l'on portait tendre dans la salle de l'évêché de Notre-Dame où il se faisait un acte. Je fus d'autant plus fâché de cette action, qu'il ne m'en était jamais arrivé de semblable, quoique j'eusse eu dans le passé de très-grandes dettes.

Il arriva en ce même mois une chose fort extraordinaire, c'est que madame la duchesse de Chaulnes, étant allée aux Carmélites de Saint-Denis dans un carrosse à six chevaux, le mardi de la semaine sainte, accompagnée de trois femmes, un gentilhomme, deux laquais et ses cochers, fut à son retour attaquée par cinq cavaliers, portant cinq fausses barbes, qui firent arrêter son carrosse, tuèrent un des laquais qui voulait crier, et l'un des deux vint lui jeter une bouteille pleine d'eau forte au visage. Elle vit venir le coup et mit son manchon qu'elle avait à la main devant son visage, ce qui fut cause qu'elle ne fut point offensée, et s'écriant qu'elle était perdue, ces cavaliers le crurent et se retirèrent vers cinq autres hommes à cheval qui les attendaient; on n'a pas su depuis qui a fait ou fait faire cette méchanceté.

Lorsqu'on sut à Paris la mort du duc de Weimar, ceux qui savaient l'ardente affection que d'Erlach me portait, dirent que peut-être il me pourrait demander pour commander, à sa place, l'armée qu'il avait; et comme je ne suis pas haï à

Paris. et que l'on a pitié de ma misère, ce que beaucoup de gens avaient dit par conjecture, beaucoup le dirent comme une chose assurée, et même ajoutèrent, que d'Erlach, avec qui l'on traitait pour remettre la ville de Brissac dans les mains du roi, ne voulait rien promettre, si l'on n'accordait d'abord ma liberté. Plusieurs me dirent ce bruit qui courait, et même le gouverneur de la Bastille. Mais moi, jugeant sainement des choses, me moquai de tous ces bruits, et fus même faché de ce qu'ils couraient. Je ne saurais dire, si ceux qui menaient les affaires du roi à Paris, ne trouvaient pas ces bruits bons, ou si, me haïssant, ils voulurent achever de m'affliger, étant détenu depuis tant de temps au château de la Bastille, où je n'ai autre chose à faire qu'à prier Dieu, qu'il termine bientôt mes longues misères, par ma liberté ou par ma mort (1).

(1) Bassompierre, après avoir passé douze ans à la Bastille pour avoir pris part aux cabales contre le ministre de Louis XIII, fut mis en liberté à la mort de Richelieu; il reprit sa charge de colonel général des Suisses et mourut d'une attaque d'apoplexie dans un village de la Brie.

FIN DU TOME SECOND ET DERNIER.

TABLE DES MATIÈRES

TOME PREMIER.

TOME SECOND.

LISTE DES OUVRAGES PARUS.

---

1. **Soliloques**, ou **Dieu et l'Homme.** Un vol., par M. l'abbé Orse (Deux gravures.)
2. **Pluralité des mondes.** Un vol., par Fontenelle et M. l'abbé Orse. (Deux gravures.)
3. **Souvenirs curieux des Missions.** Un vol. (Quatre gravures.)
4. **L'Histoire du Protestantisme**, présentée aux hommes de bonne foi qui cherchent la vérité, par M. l'abbé Orse. (Une gravure.) 1re PARTIE. *Allemagne et Suisse.*
5. **Deux Croisades au moyen Age**, par MM. Alfred des Essarts et l'abbé Orse. (Deux gravures.)
6. **Les Travers de l'Humanité.** Un vol., par M. l'abbé Orse.
7. **L'Histoire du Protestantisme.** 2e PARTIE. *France et Angleterre.* (Voir le no 4.)
8. **Une Semaine en Famille.** Un vol., par M. Léon Buron.
9. **Calvaire et Thabor.** Un vol., par M. l'abbé Nicolas de Cagnes, aumônier de la marine.
10. **Massacres de l'Abbaye.** Un vol., publié par M. l'abbé Orse.
11. **La Sœur des Anges**, ou **l'Ange et l'Homme.** Un vol.
12. **Le Kabyle**, ou **l'Influence des vertus chrétiennes.**
13. **Saint Vincent de Paul** et **le Vénérable de La Salle.**
14. **La Gerbe.** Un vol., par M. Alfred des Essarts. (Deux gravures.)

15, 16. **Thomas Morus.** Deux vol., par madame la princesse de Craon.

17. **Rosa Danielo**, ou **les Sarrasins en Provence.** Un vol., par M. l'abbé Orse. (Six gravures.)

18, 19. **Mémoires du chevalier de Pontis.** Deux vol., par M. l'abbé Orse. (Deux gravures.)

20. **Récits historiques.** Un vol., par M. Alfred des Essarts. (Une gravure.)
21. **Courte démonstration pour affermir la foi.**

22, 23. **Voyage en Afrique chez les Cafres et les Hottentots.**

24. **Louis XVI et madame Elisabeth.**
25. **Histoire de Marie-Antoinette, reine de France.**
26. **Légendes Célestes.** Un vol., par M. Alfred des Essarts.
27. **Manifestation de la Providence dans la nature.** Un vol., par M. l'abbé Orse.
28. **Alger pendant cent ans et la rédemption des captifs.** Un vol. par M. l'abbé Orse.

AVIS IMPORTANT.

La première partie de la **Bibliothèque de la Famille** se composera de **40 volumes** in-12 dont le prix sera porté à **30 francs** pour ceux qui ne souscriront que lorsque ce nombre sera complet.

Après quelque temps de relâche, une nouvelle série sera publiée dans le format in-8° au prix de **2 francs** le volume pour les anciens souscripteurs, 2 francs 50 centimes pour les nouveaux, et 3 francs par volume acheté séparément.

Le Directeur-fondateur,

L'abbé ORSE.

www.ingramcontent.com/pod-product-compliance
Ingram Content Group UK Ltd.
Pitfield, Milton Keynes, MK11 3LW, UK
UKHW021127220726
13924UKWH00004B/1943

9 782019 947071